I0696201

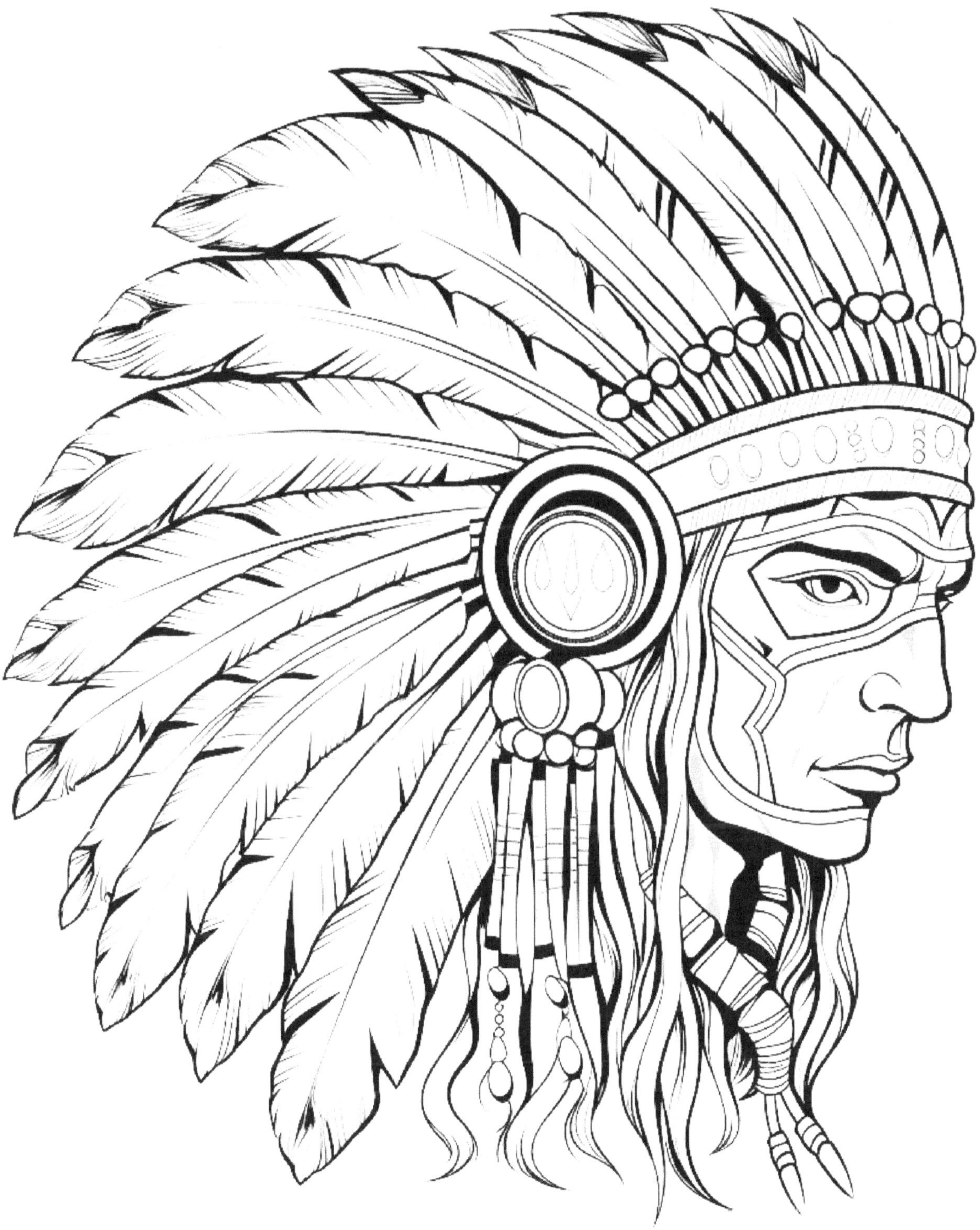

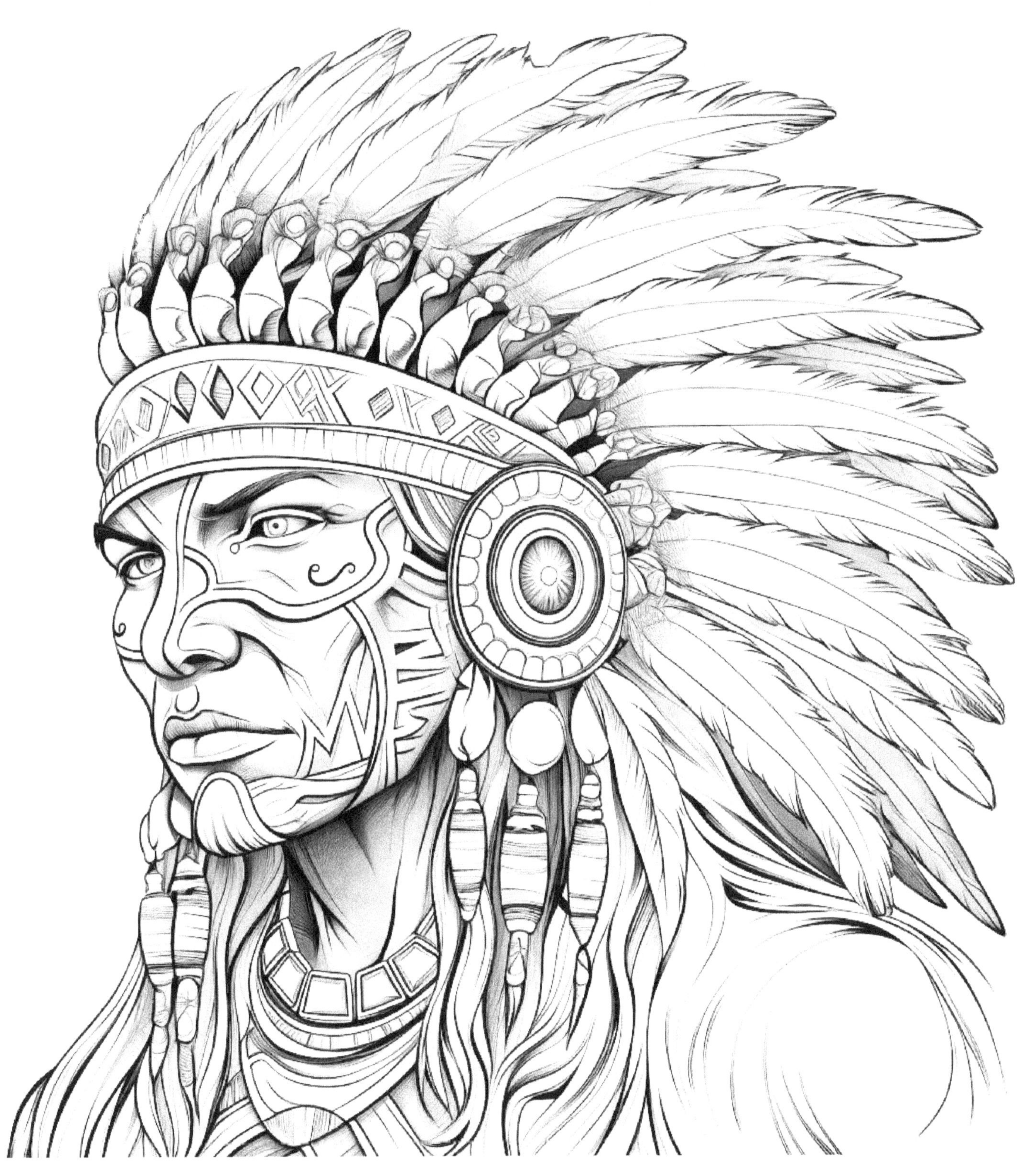

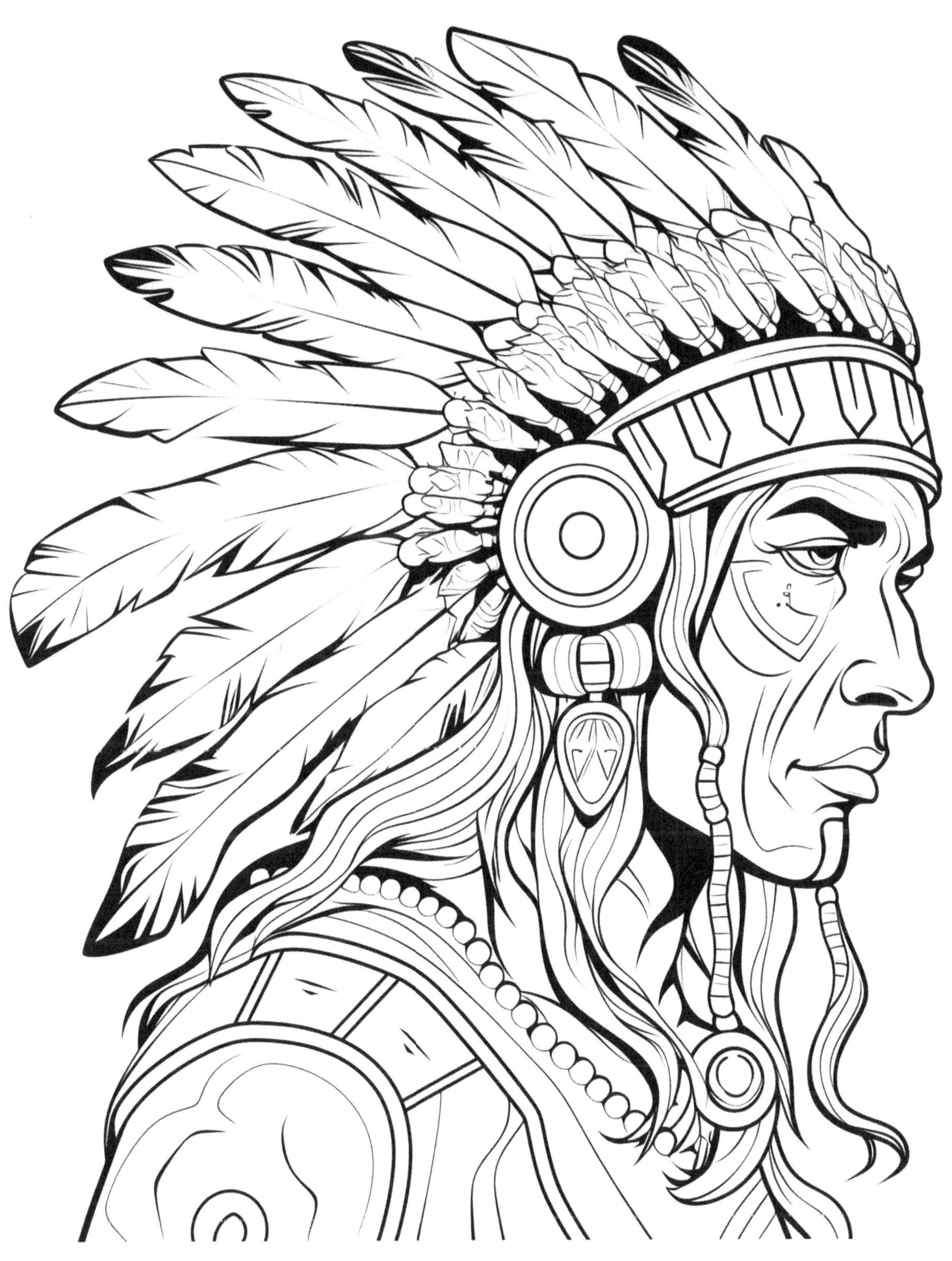

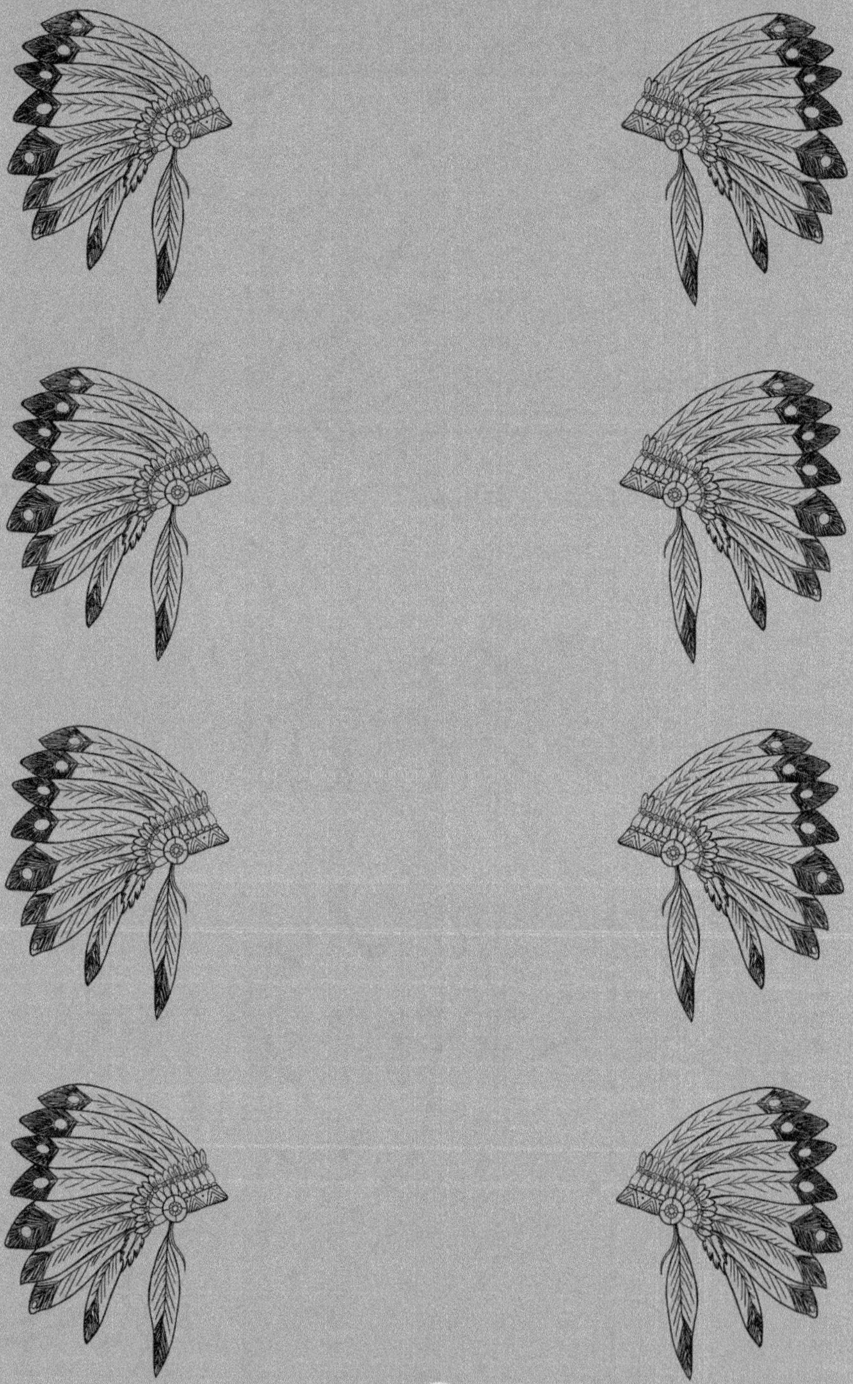

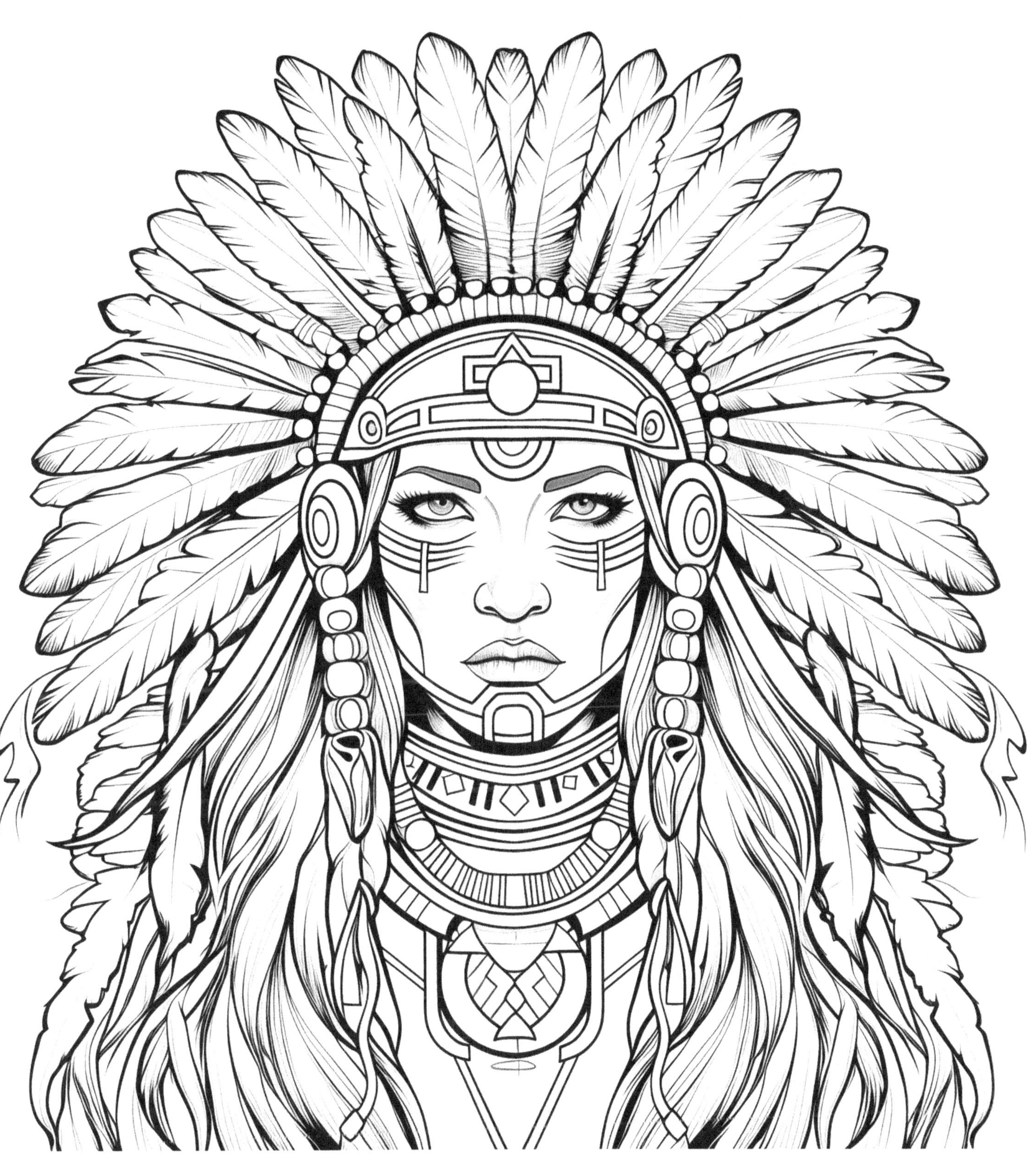

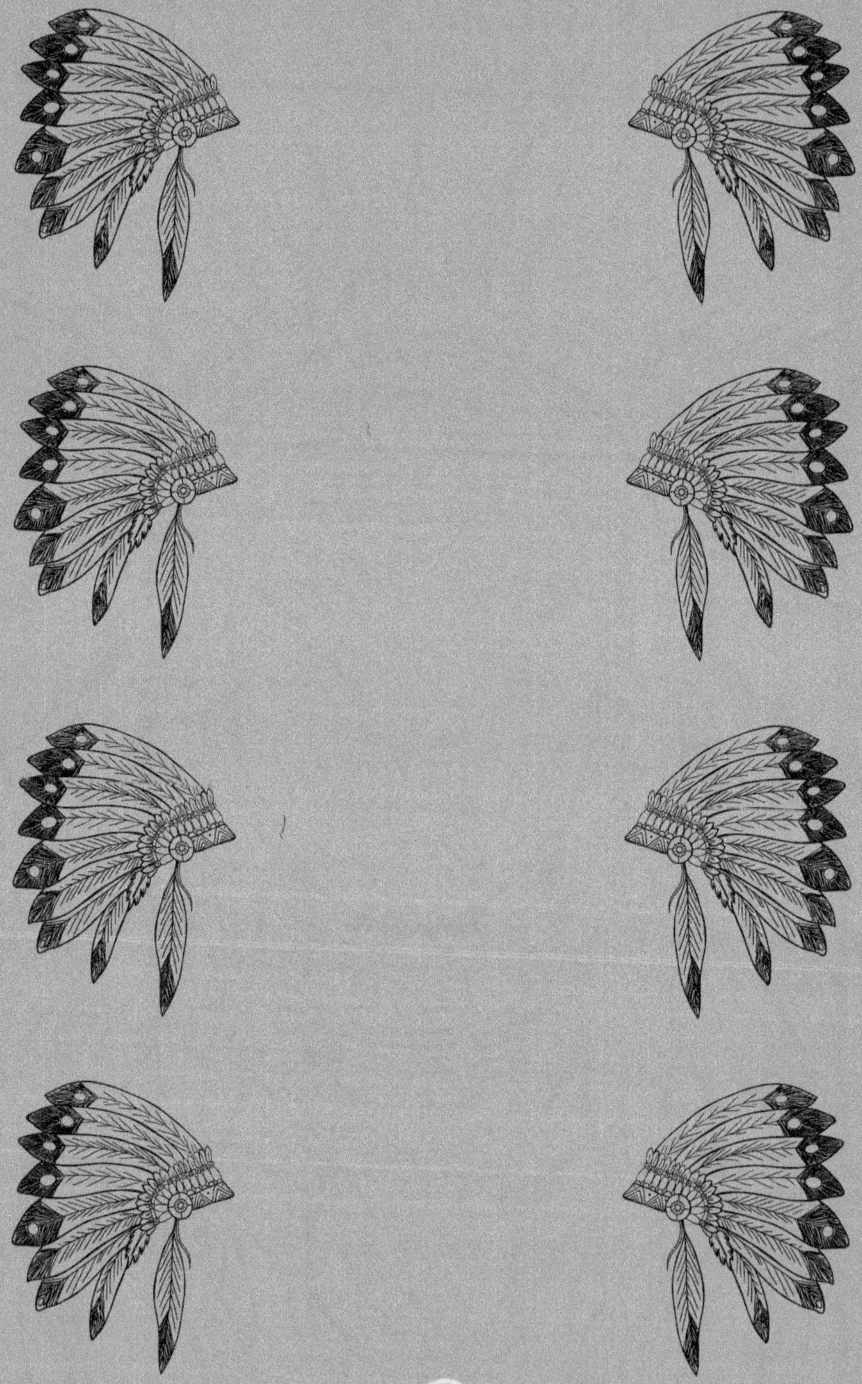

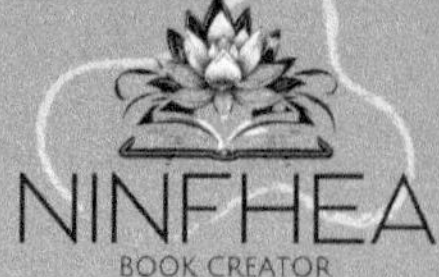

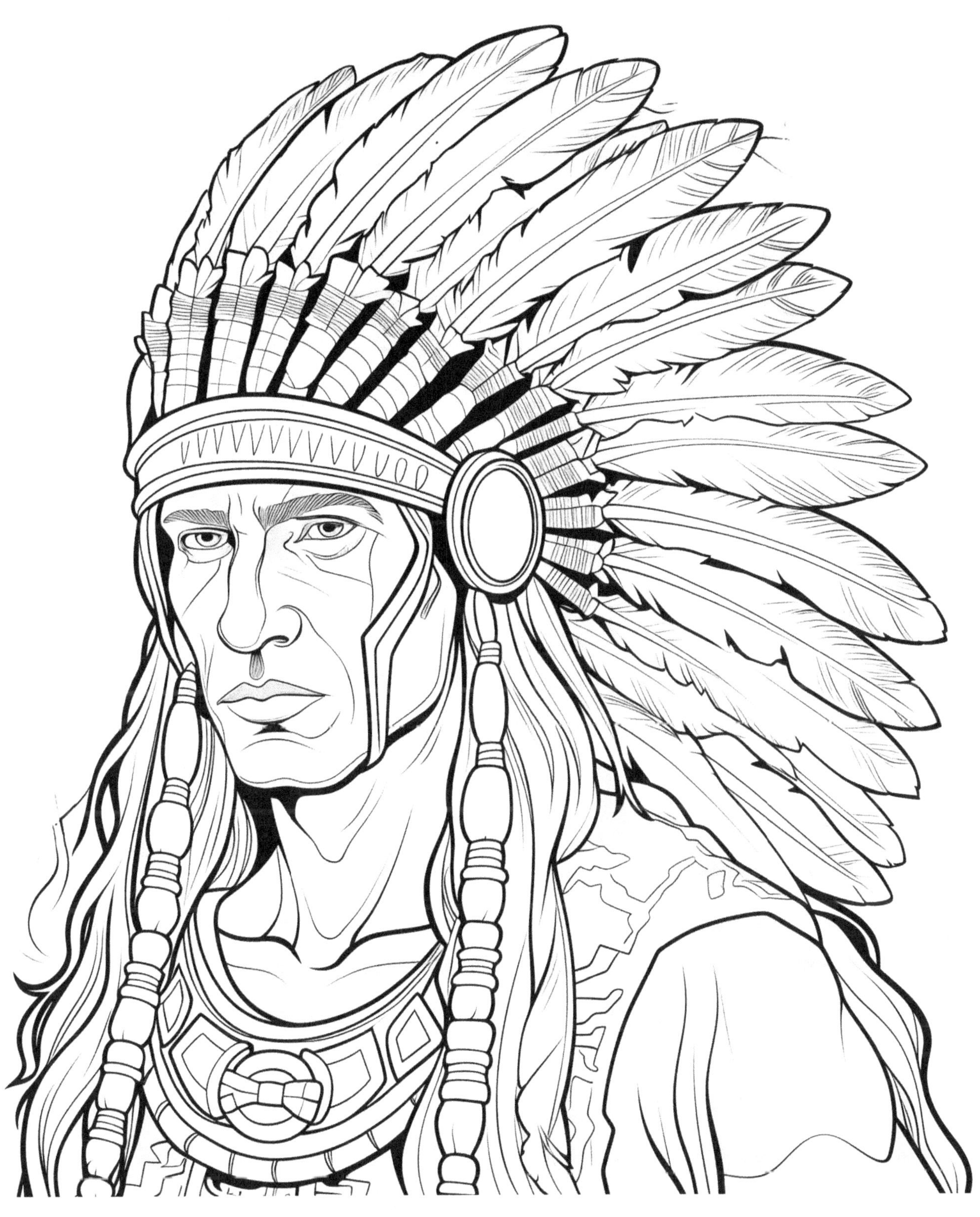

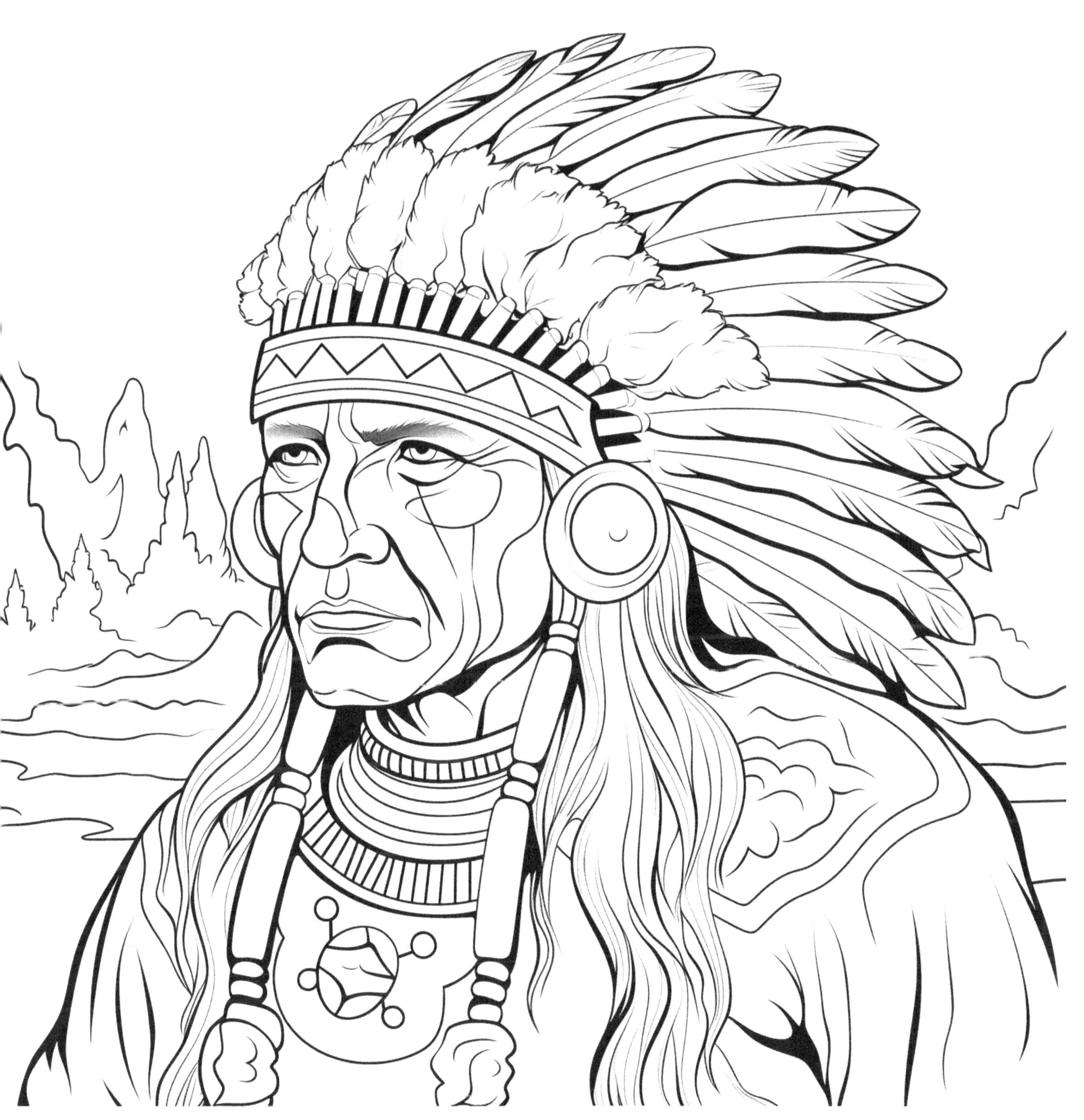

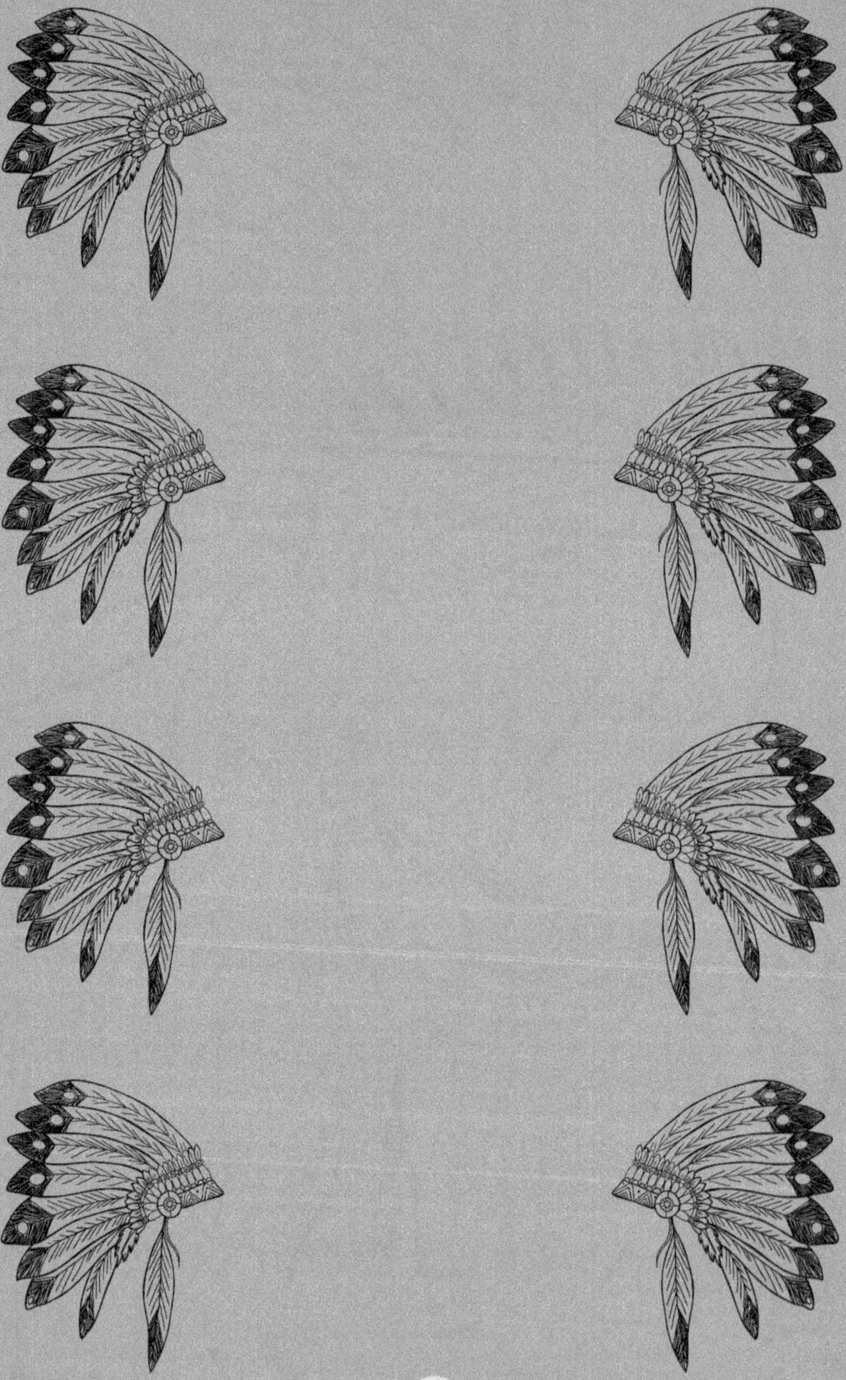

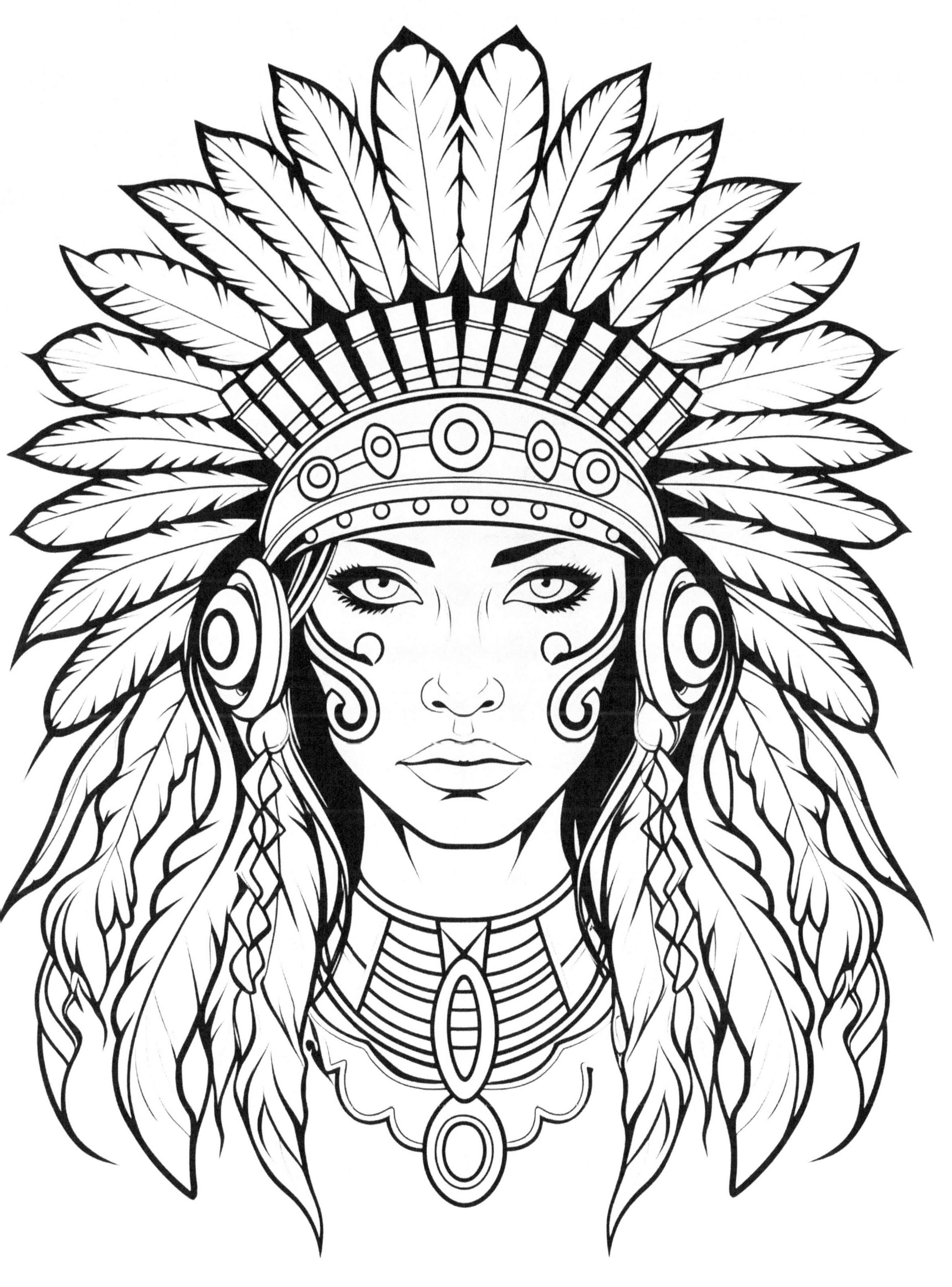

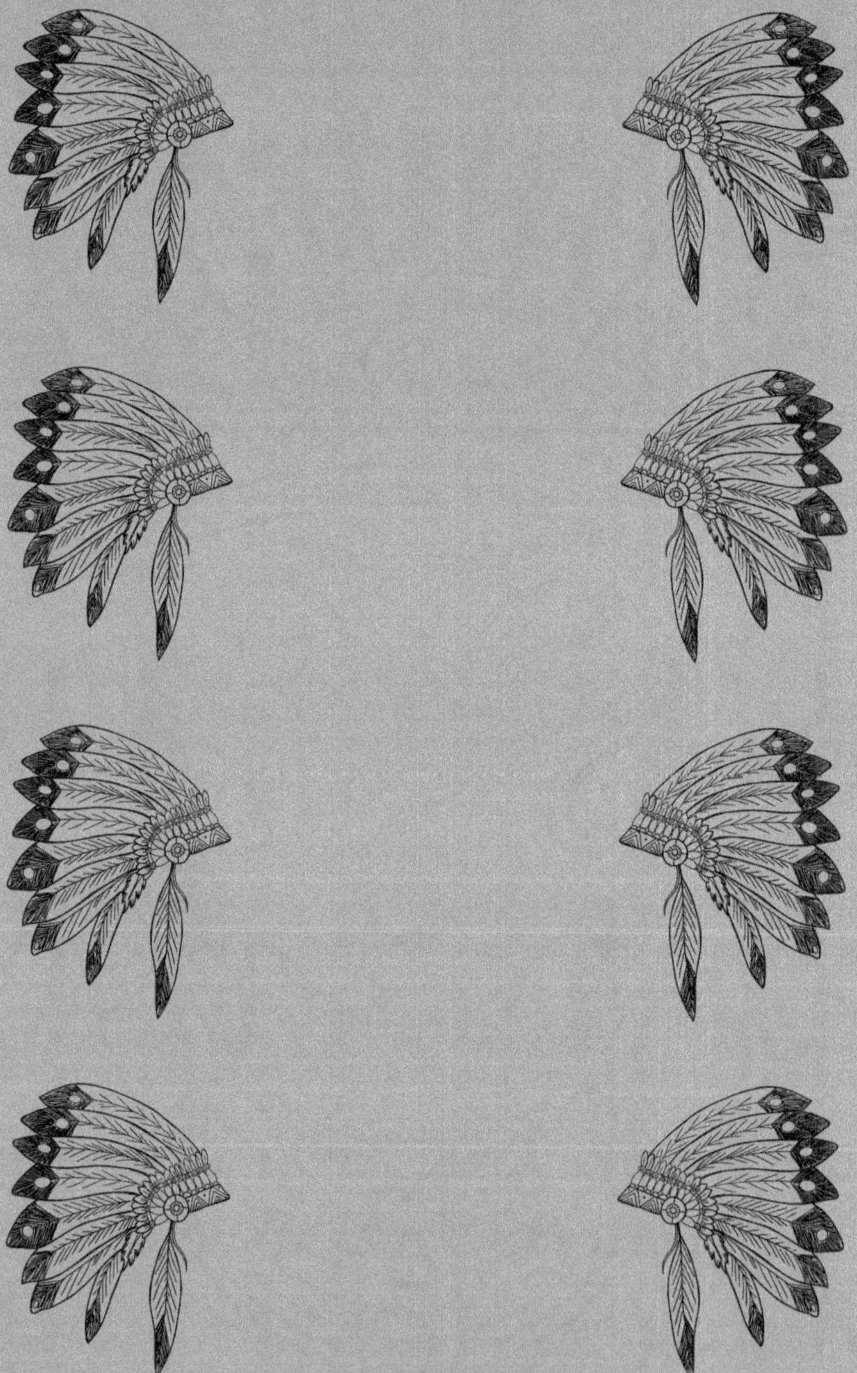

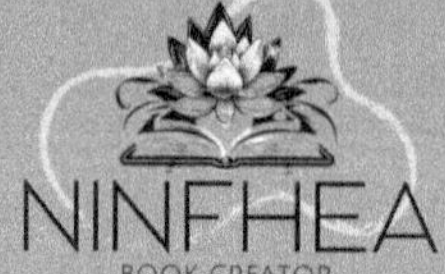

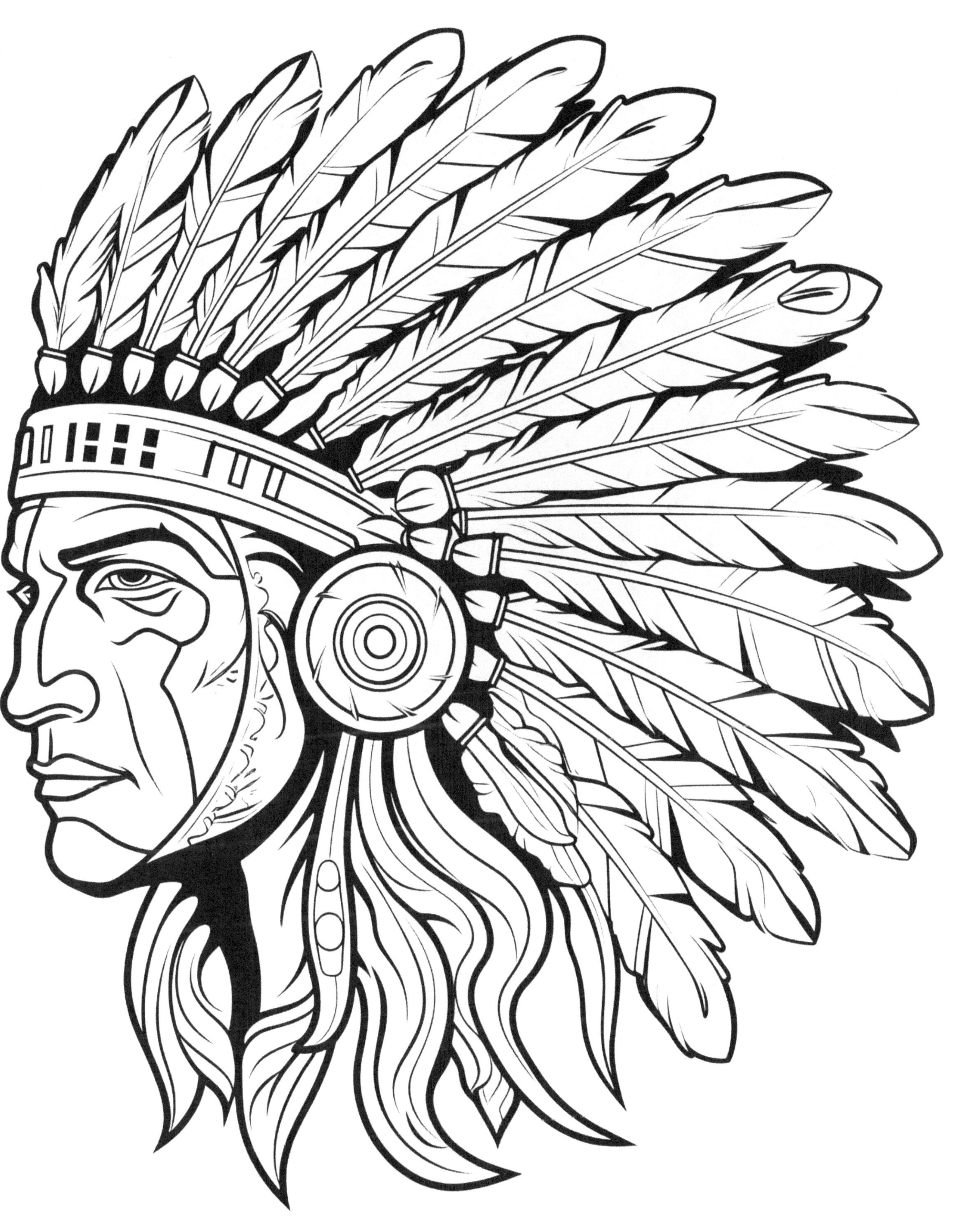

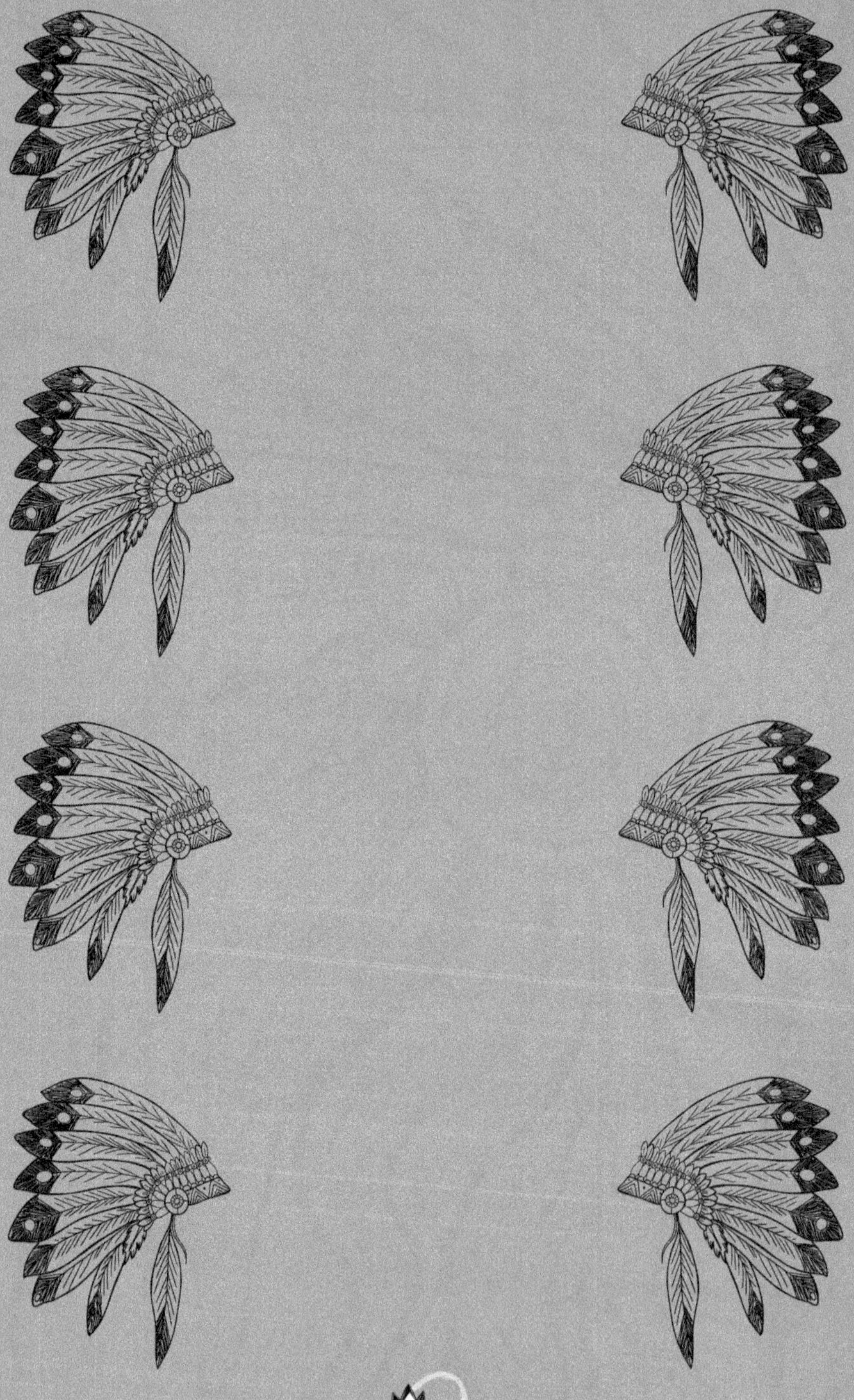

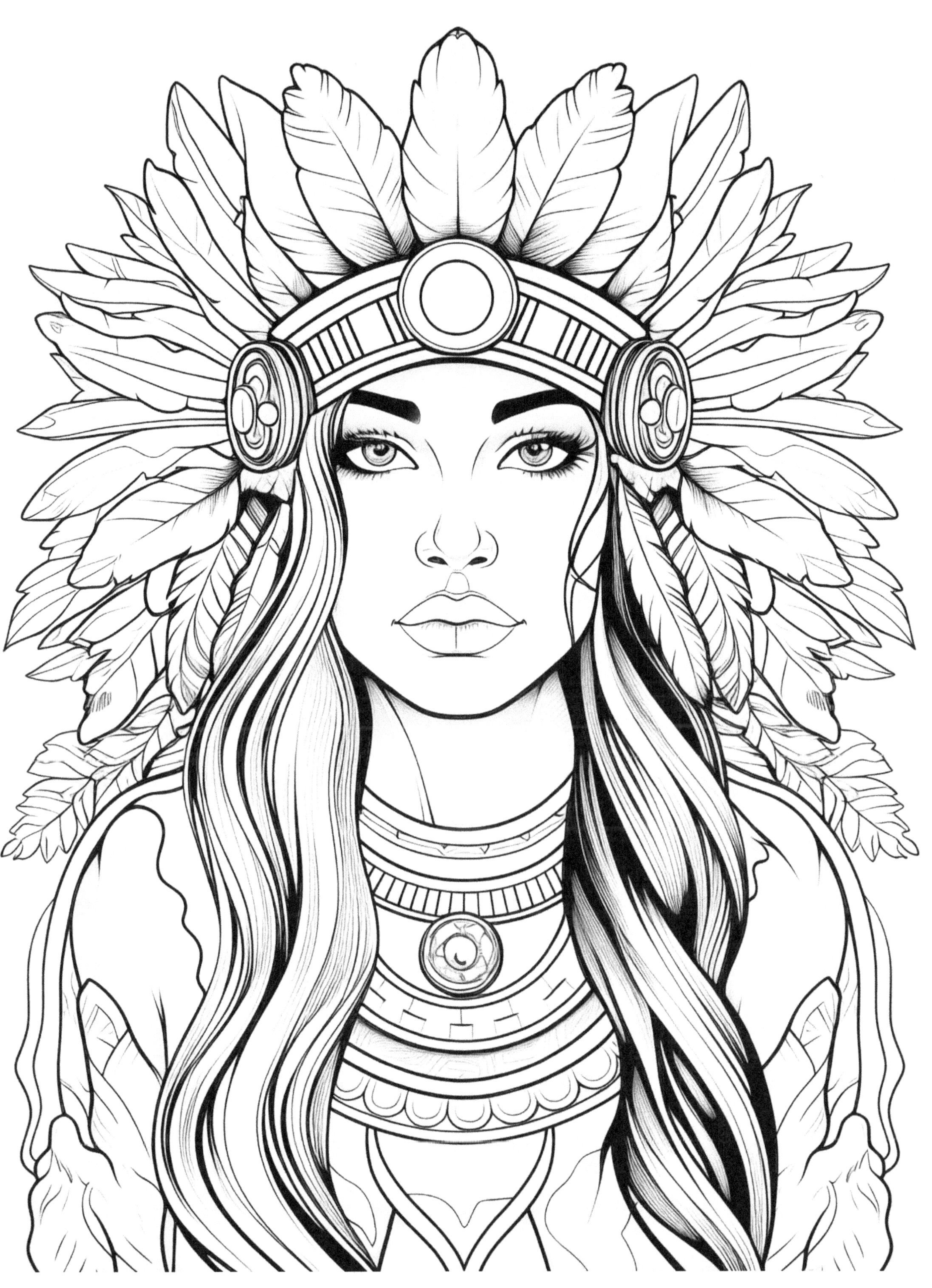

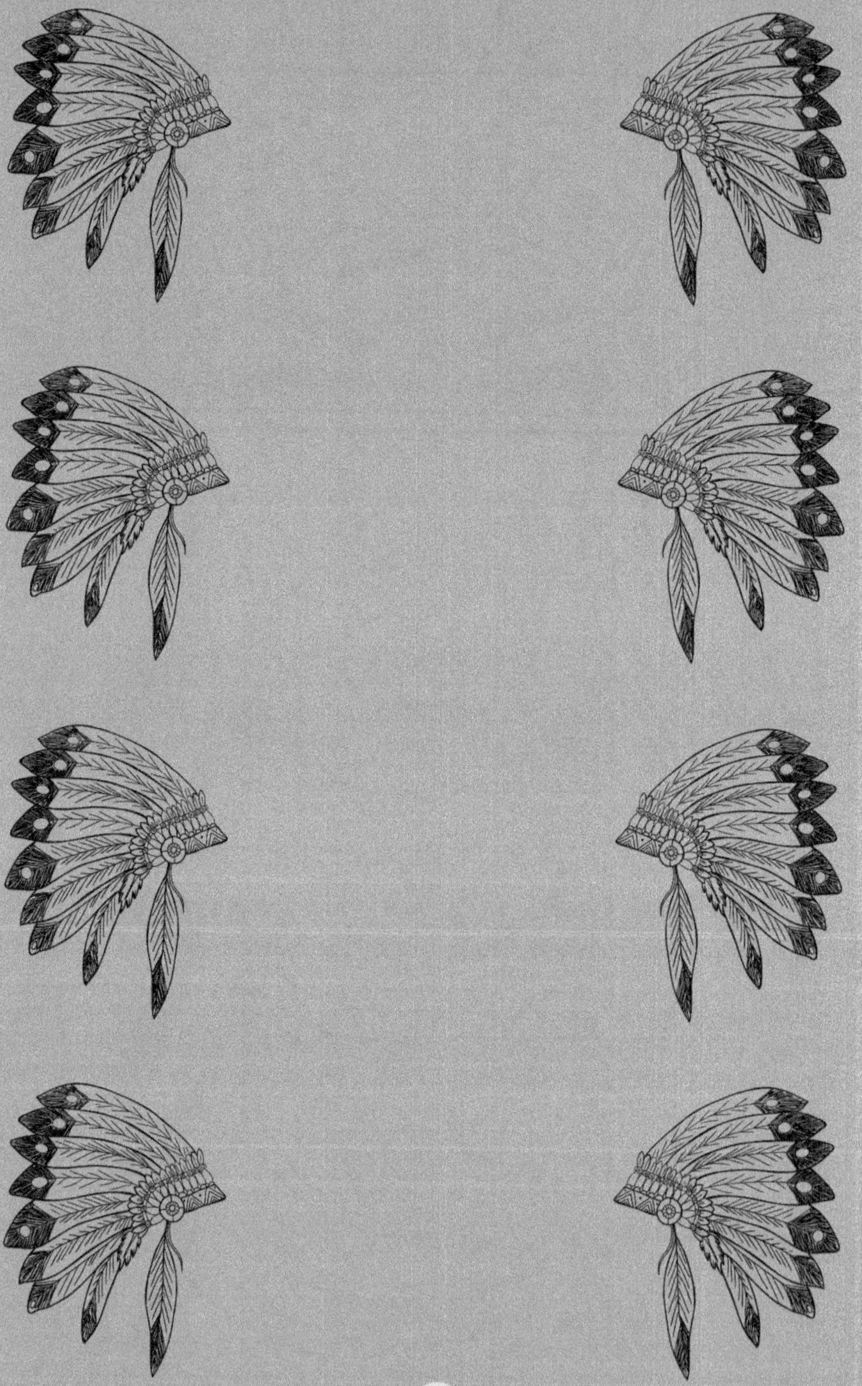

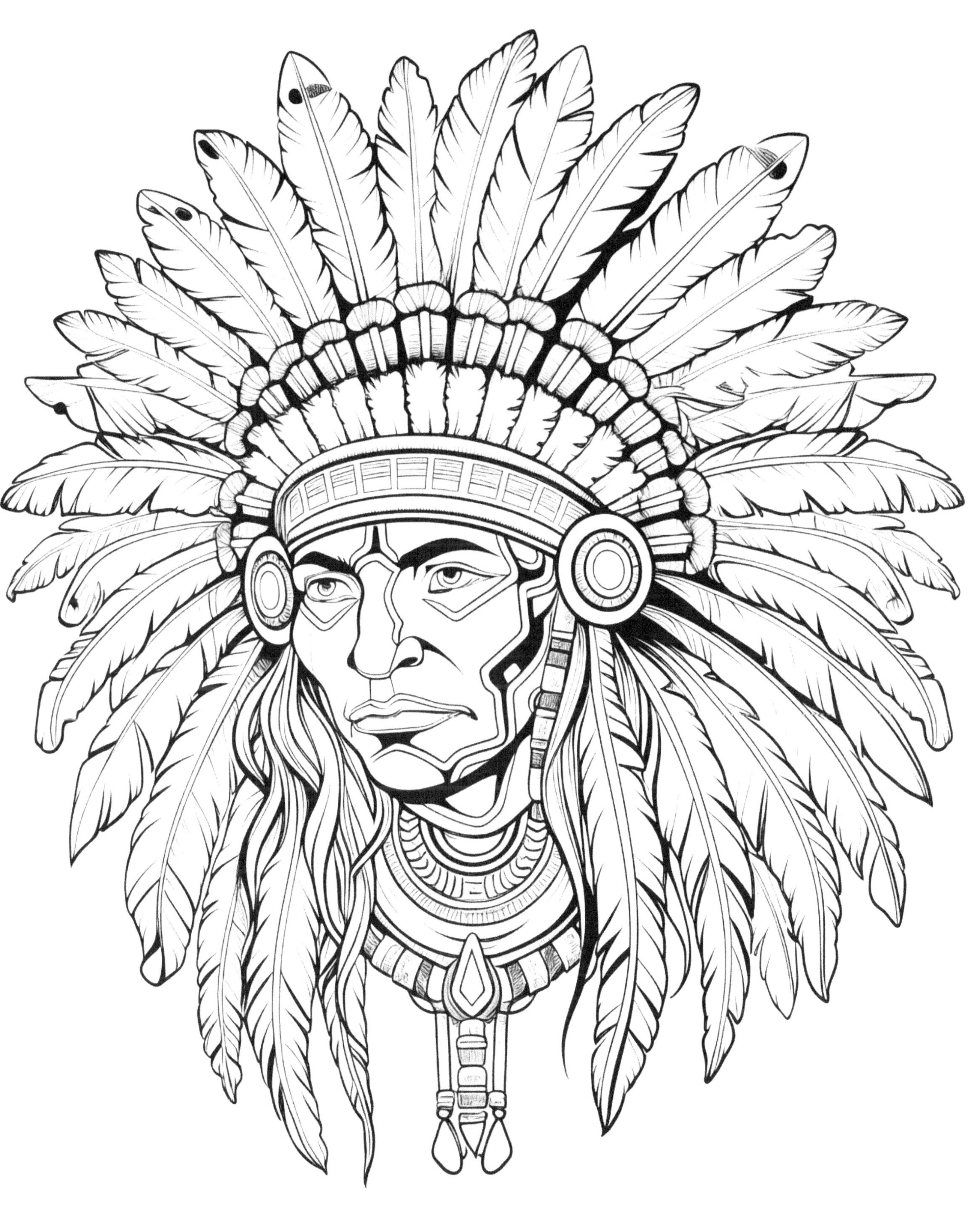

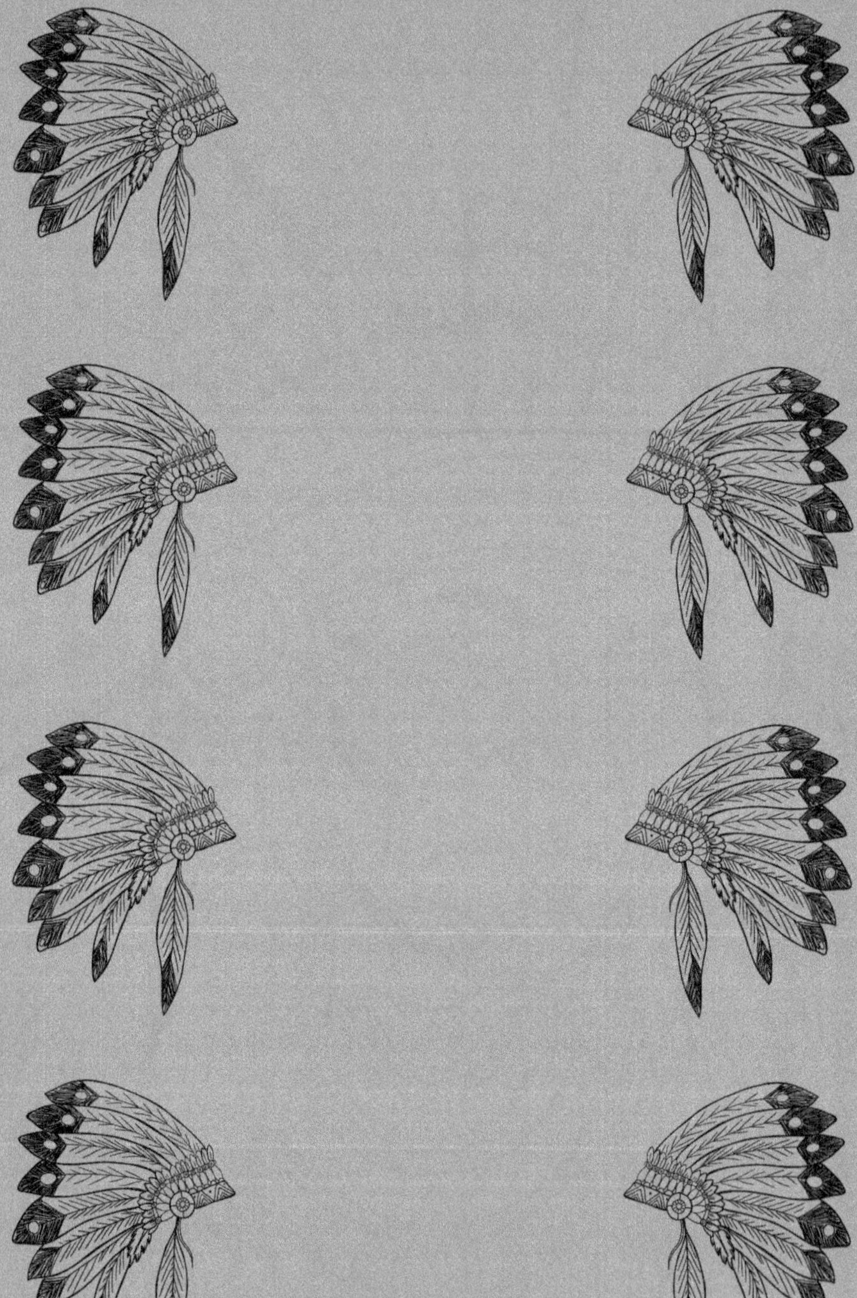

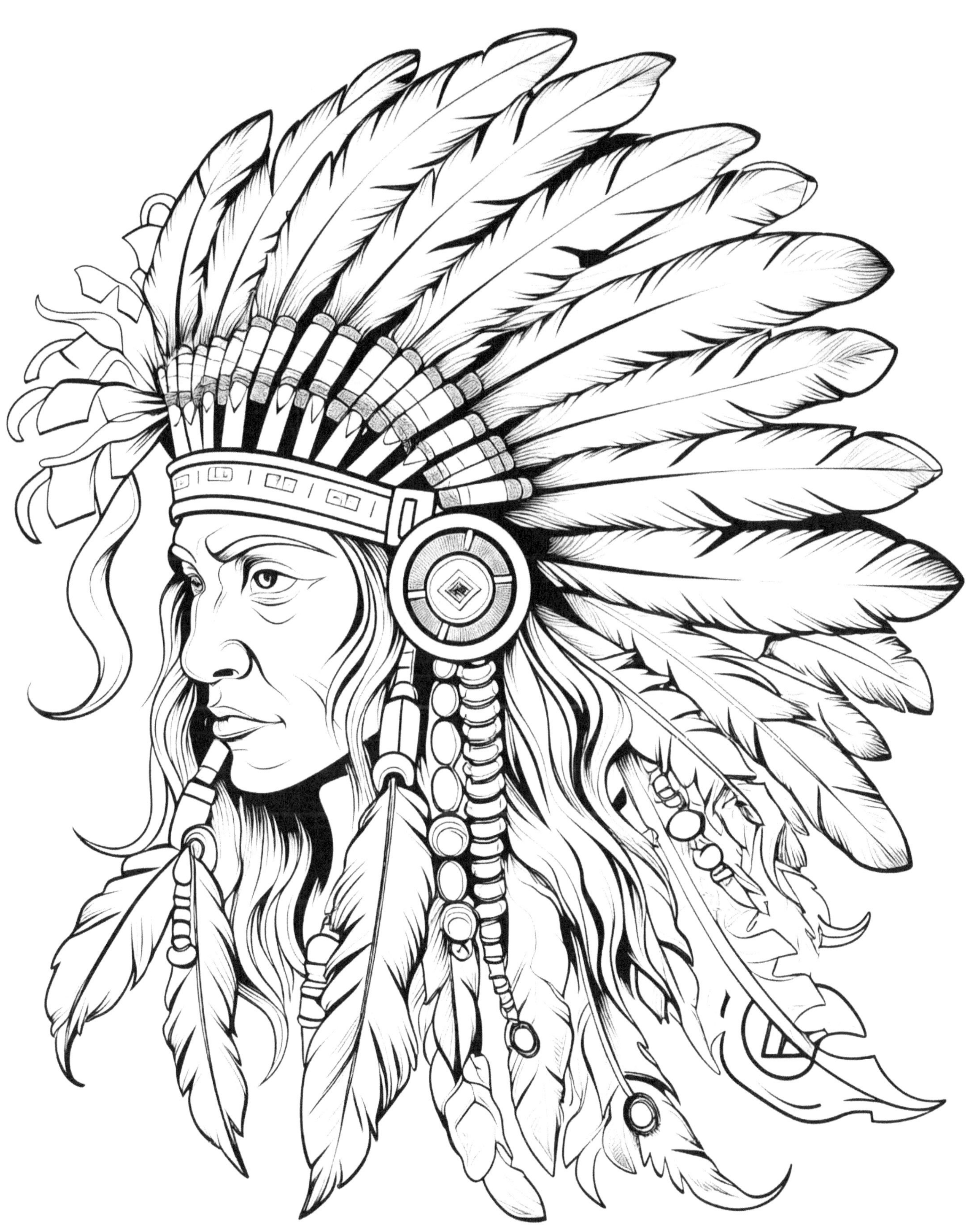

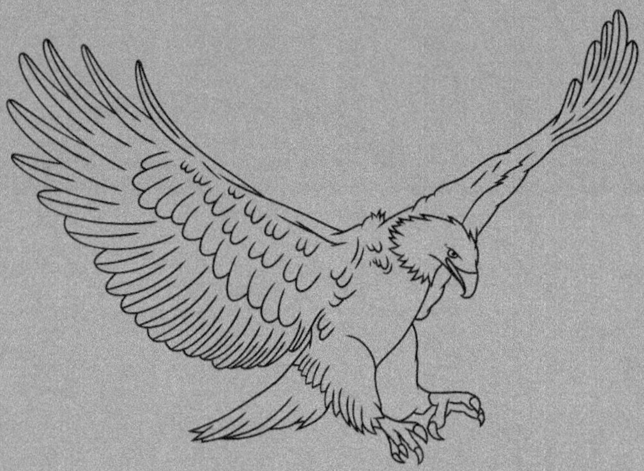

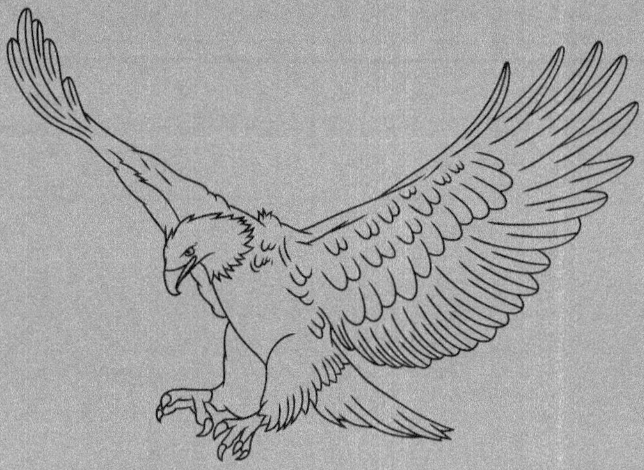

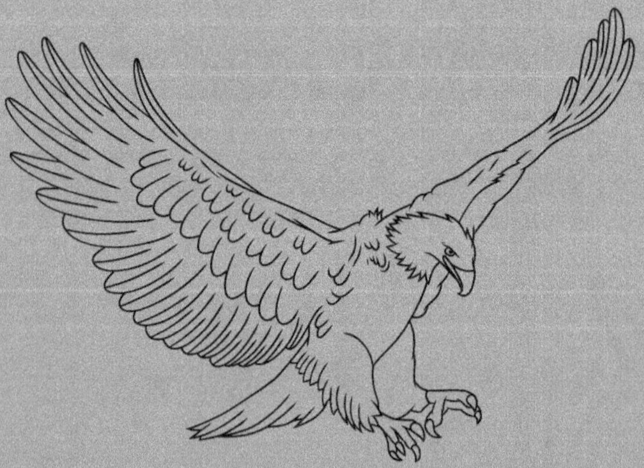

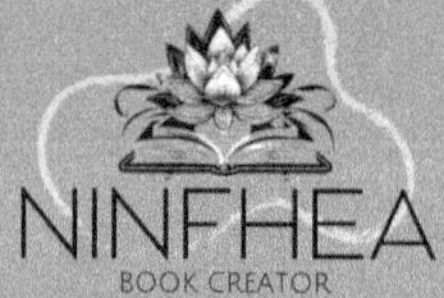

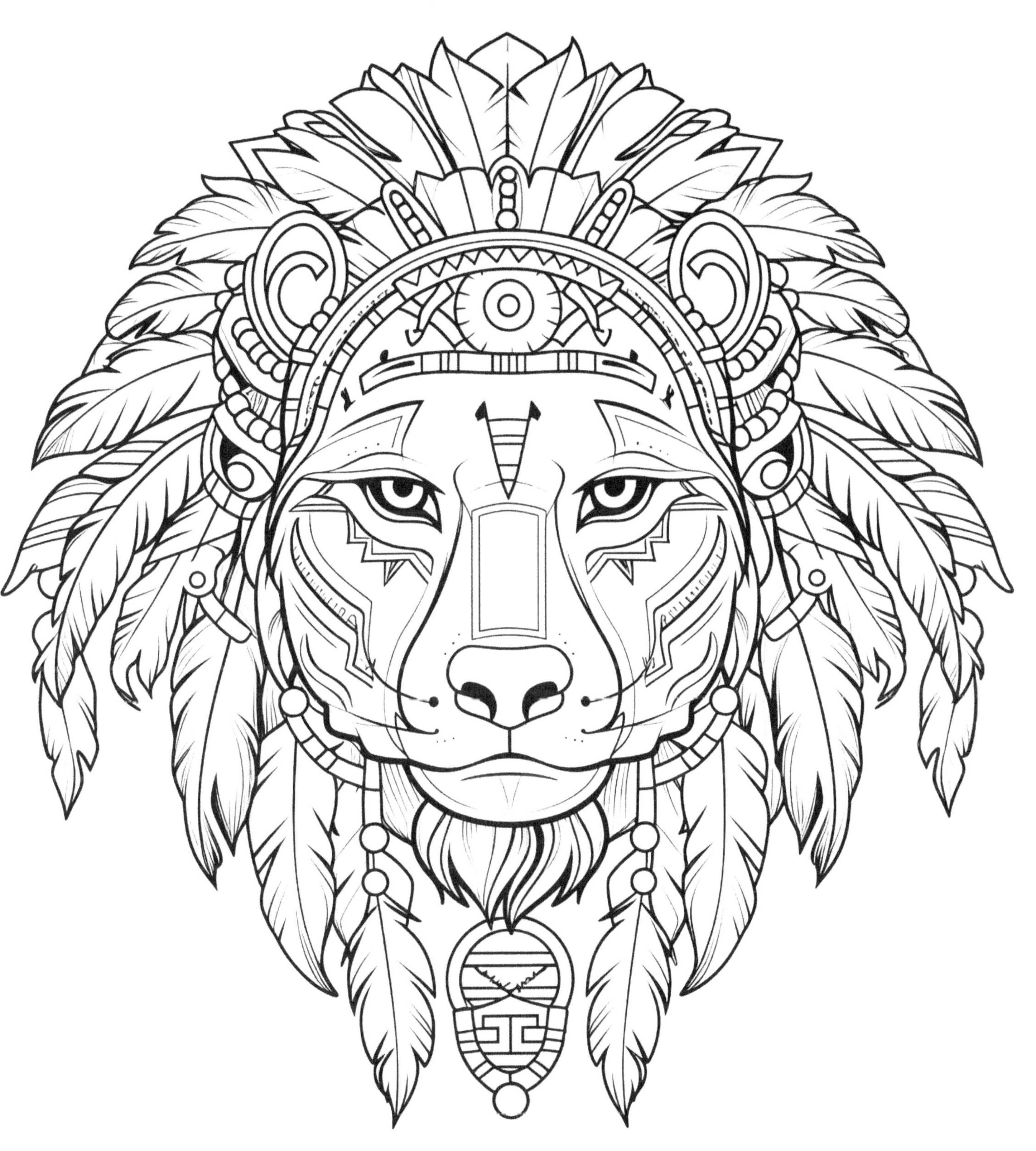

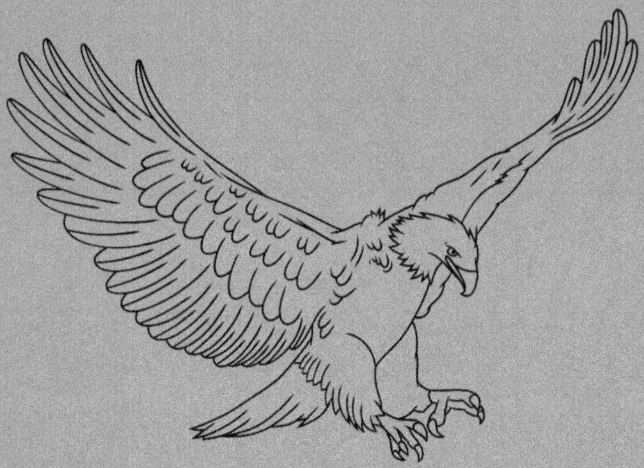

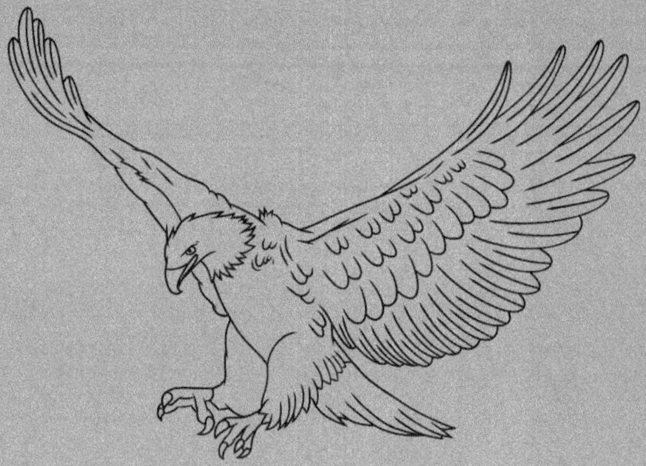

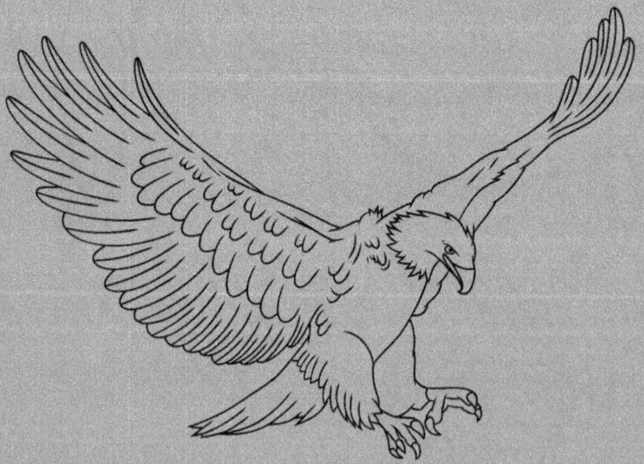

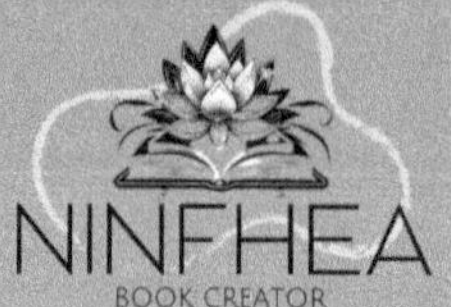

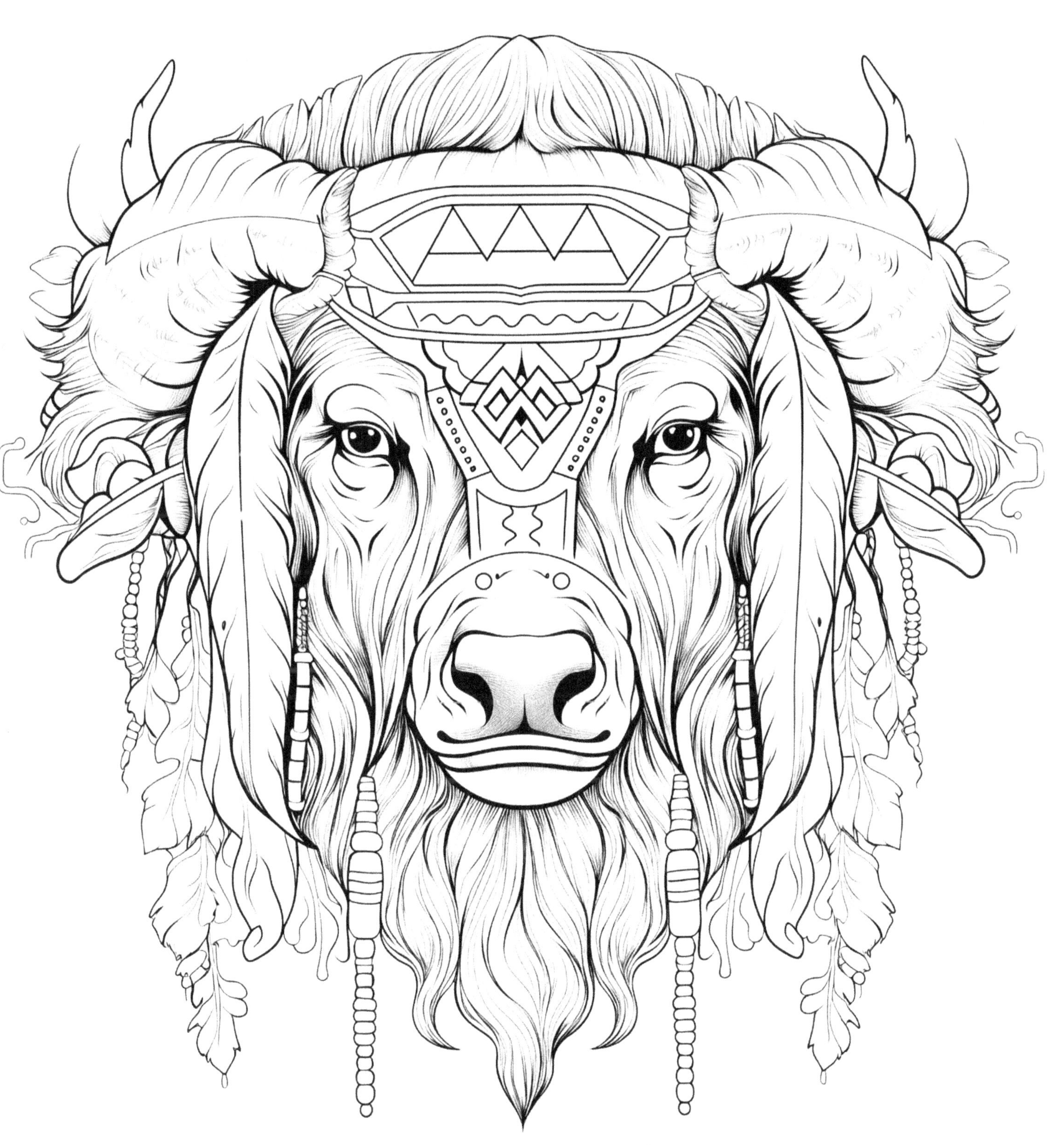

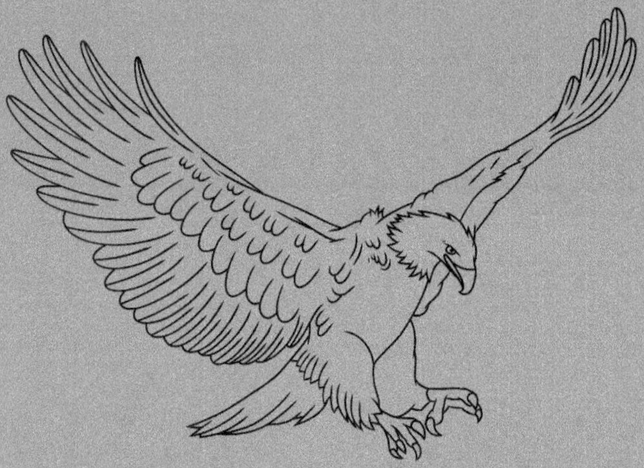

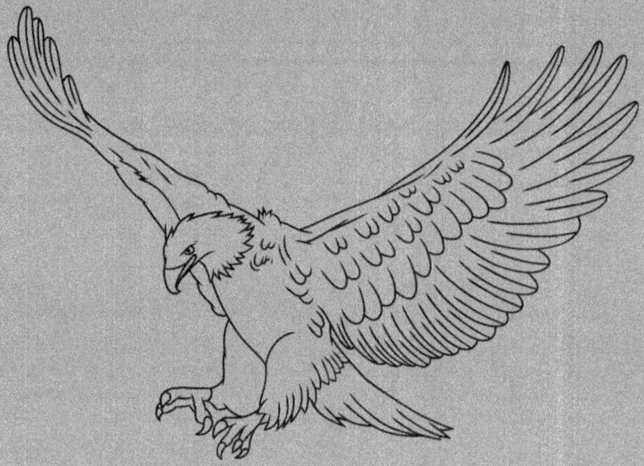

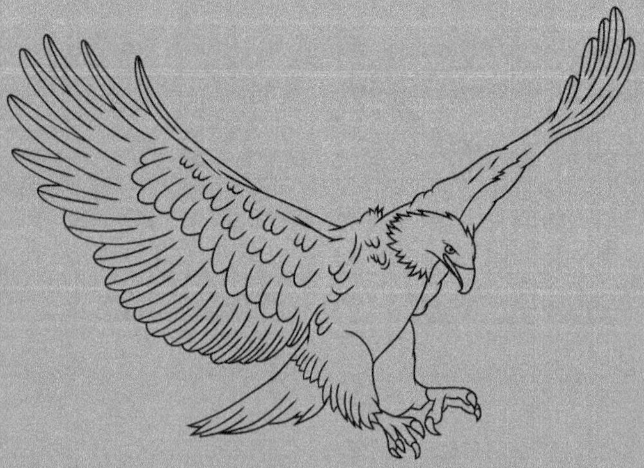

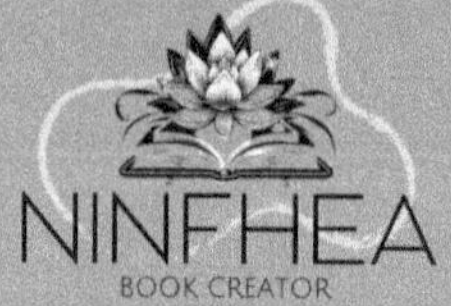

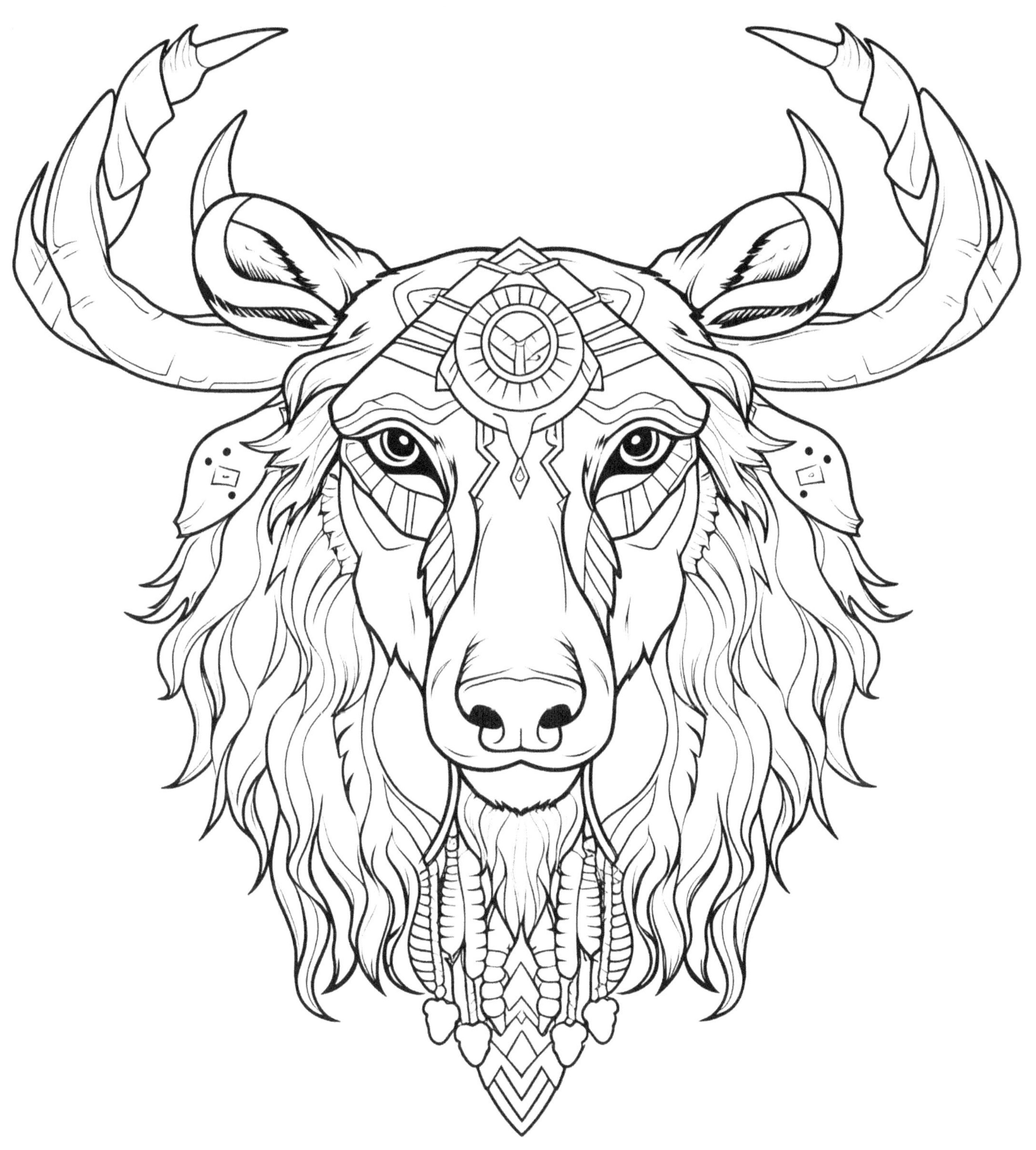

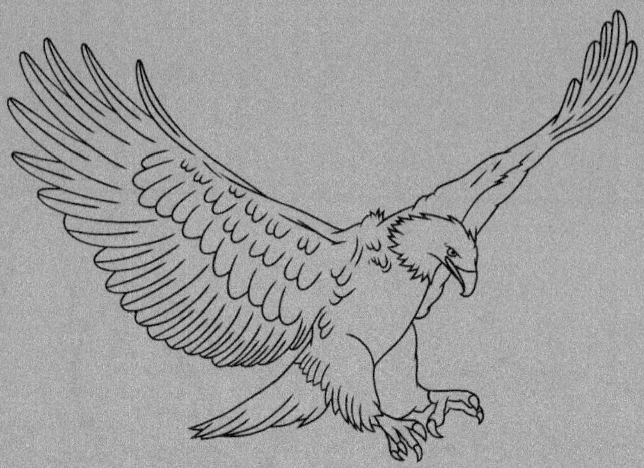

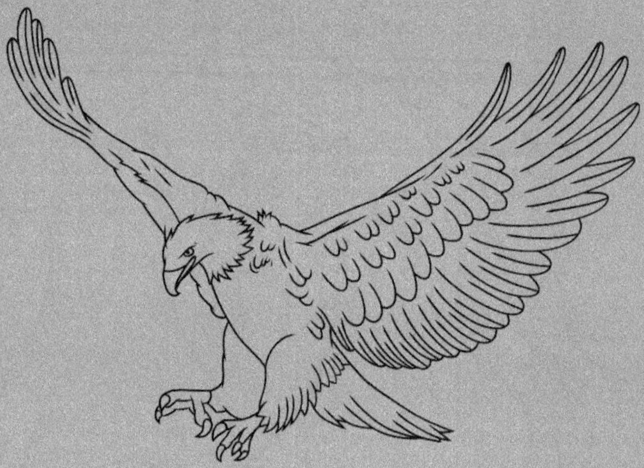

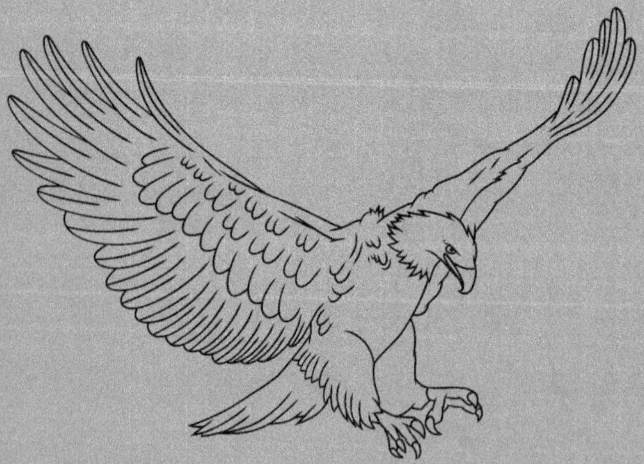

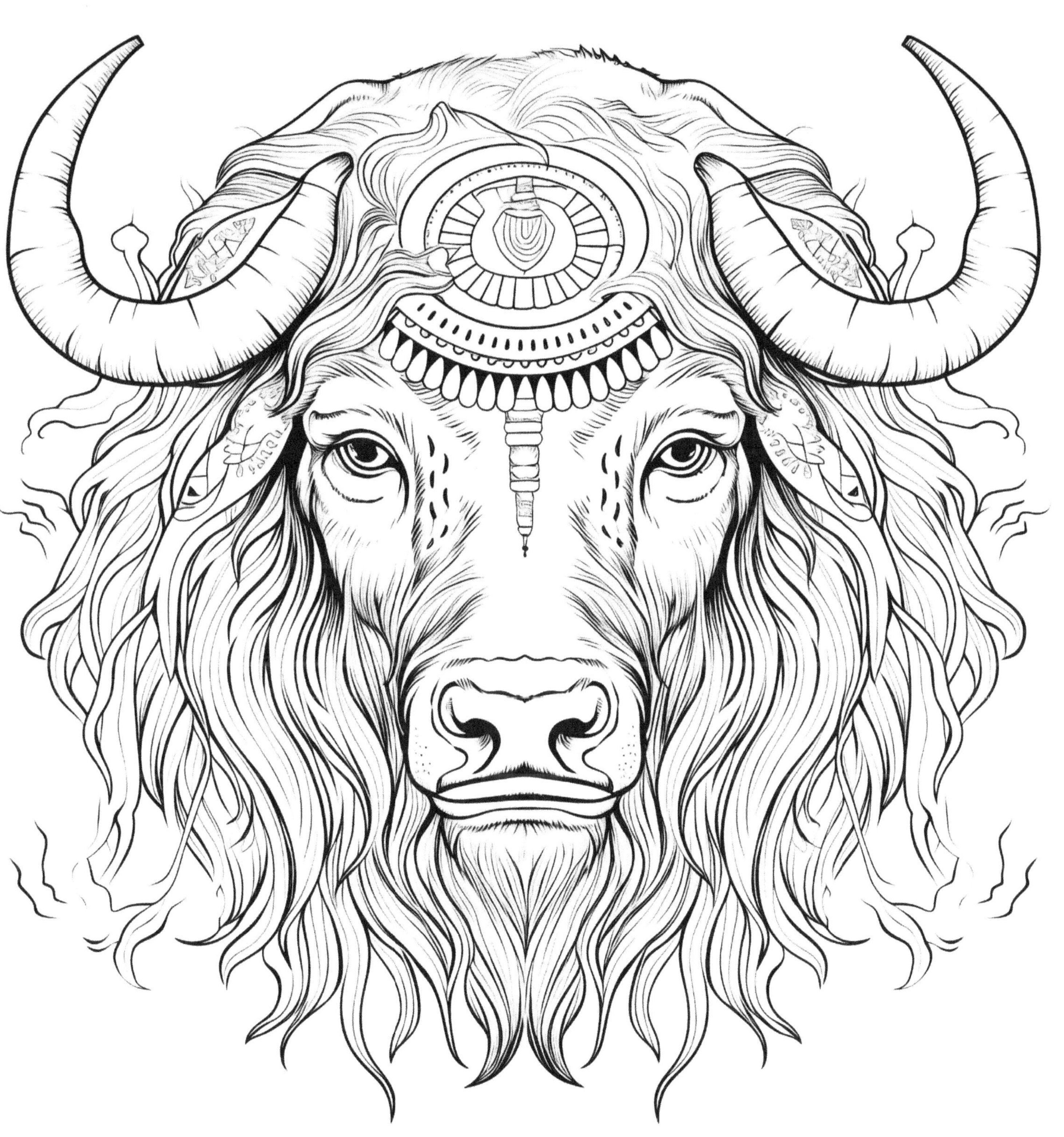

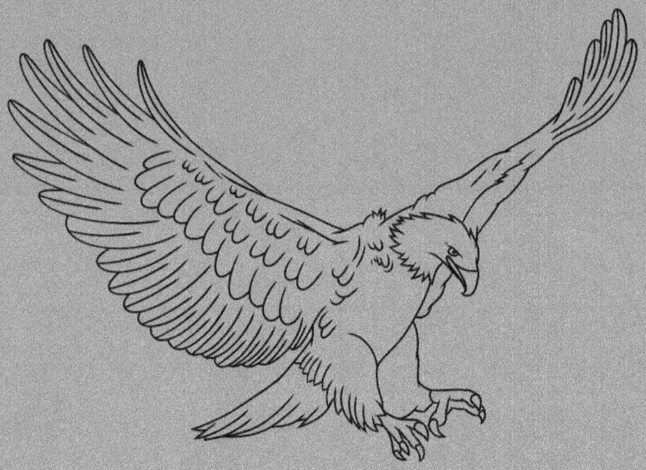

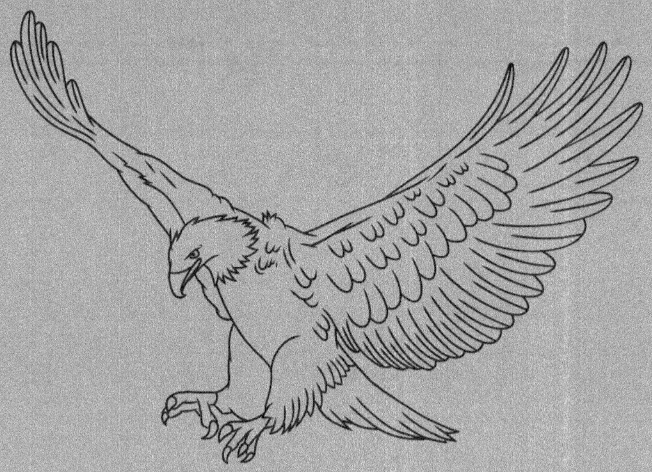

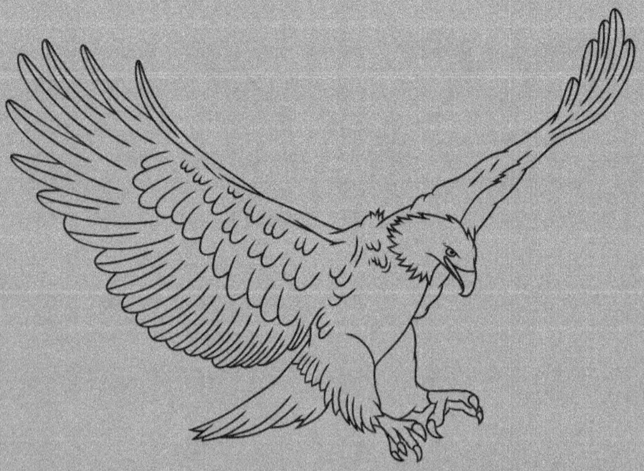

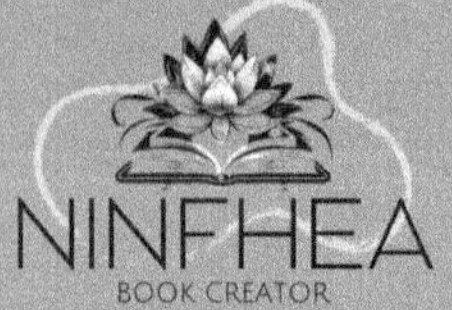

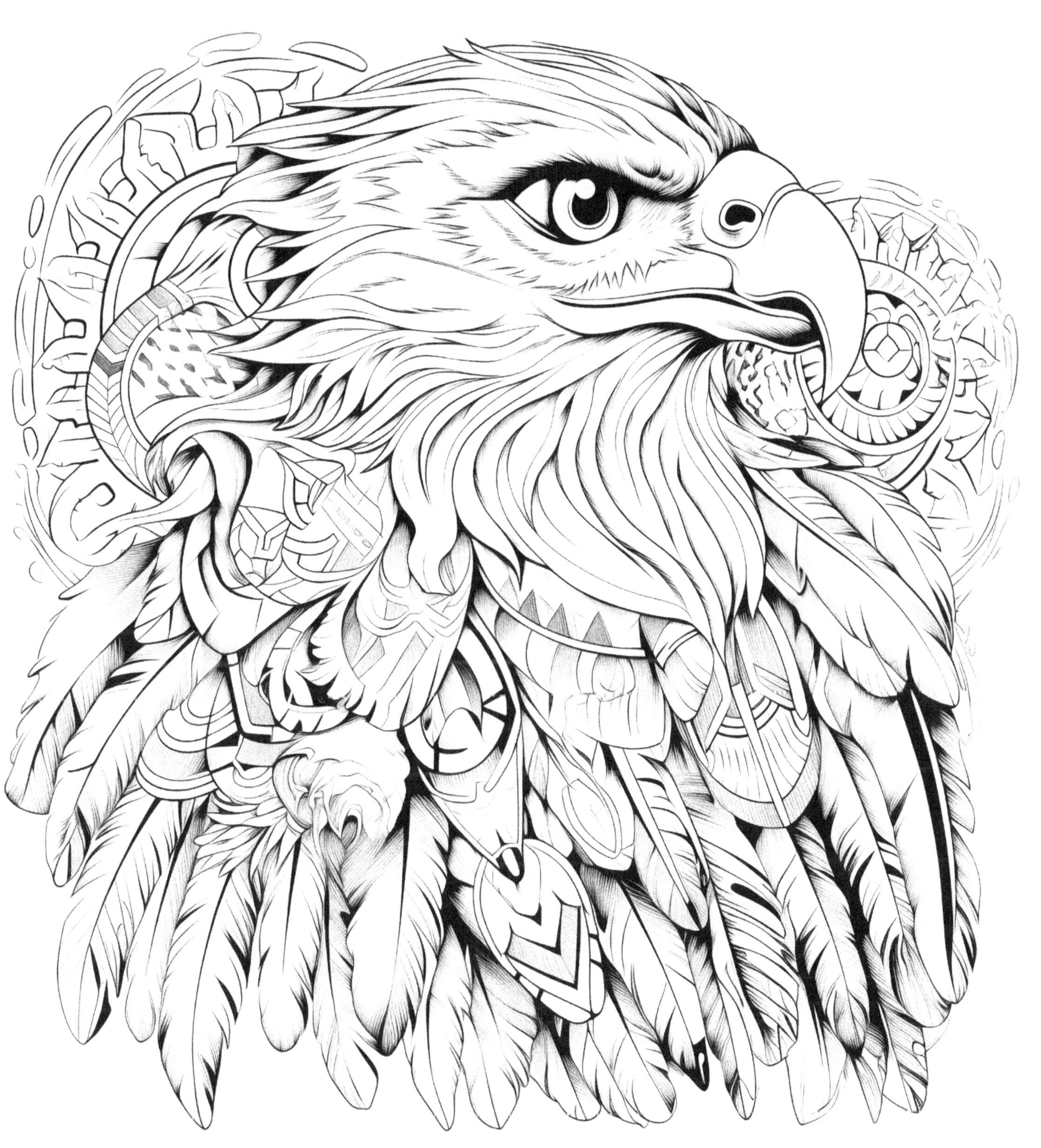

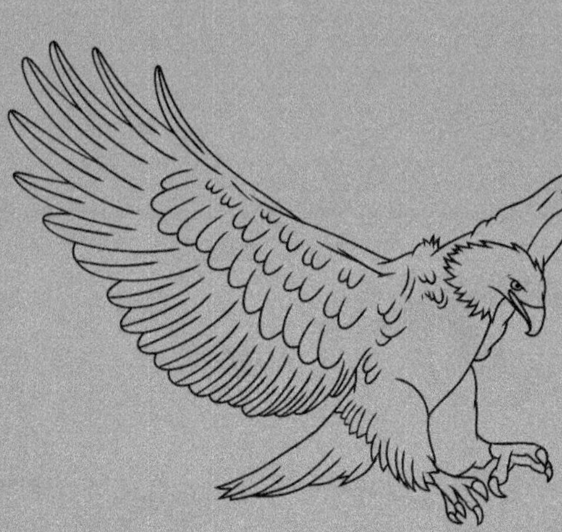

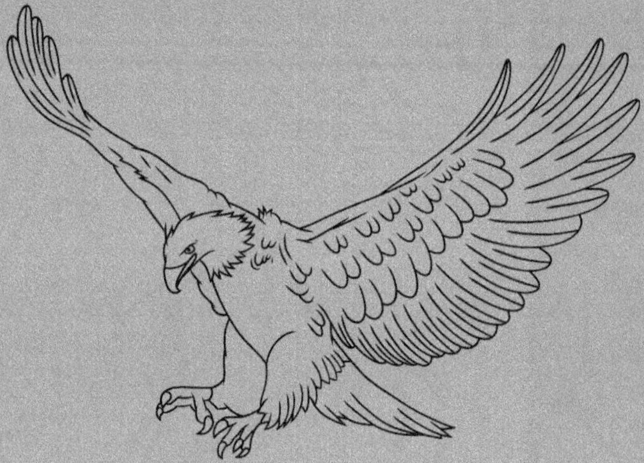

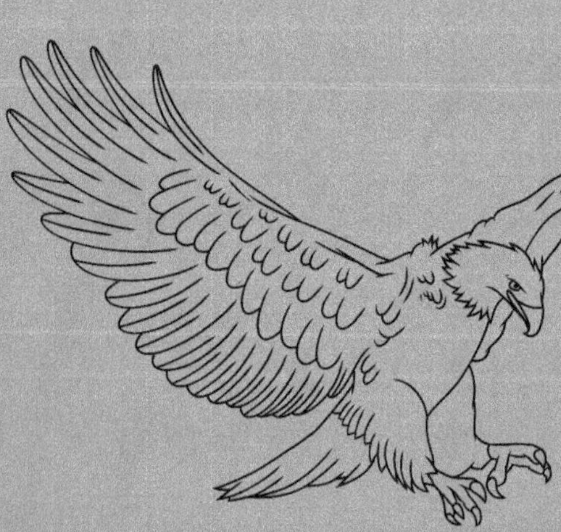

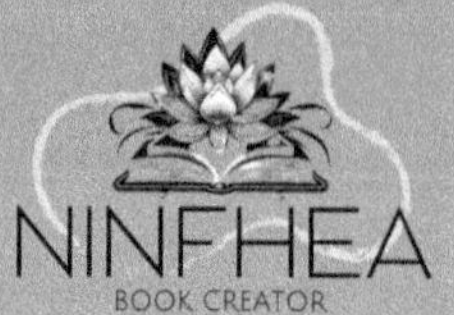

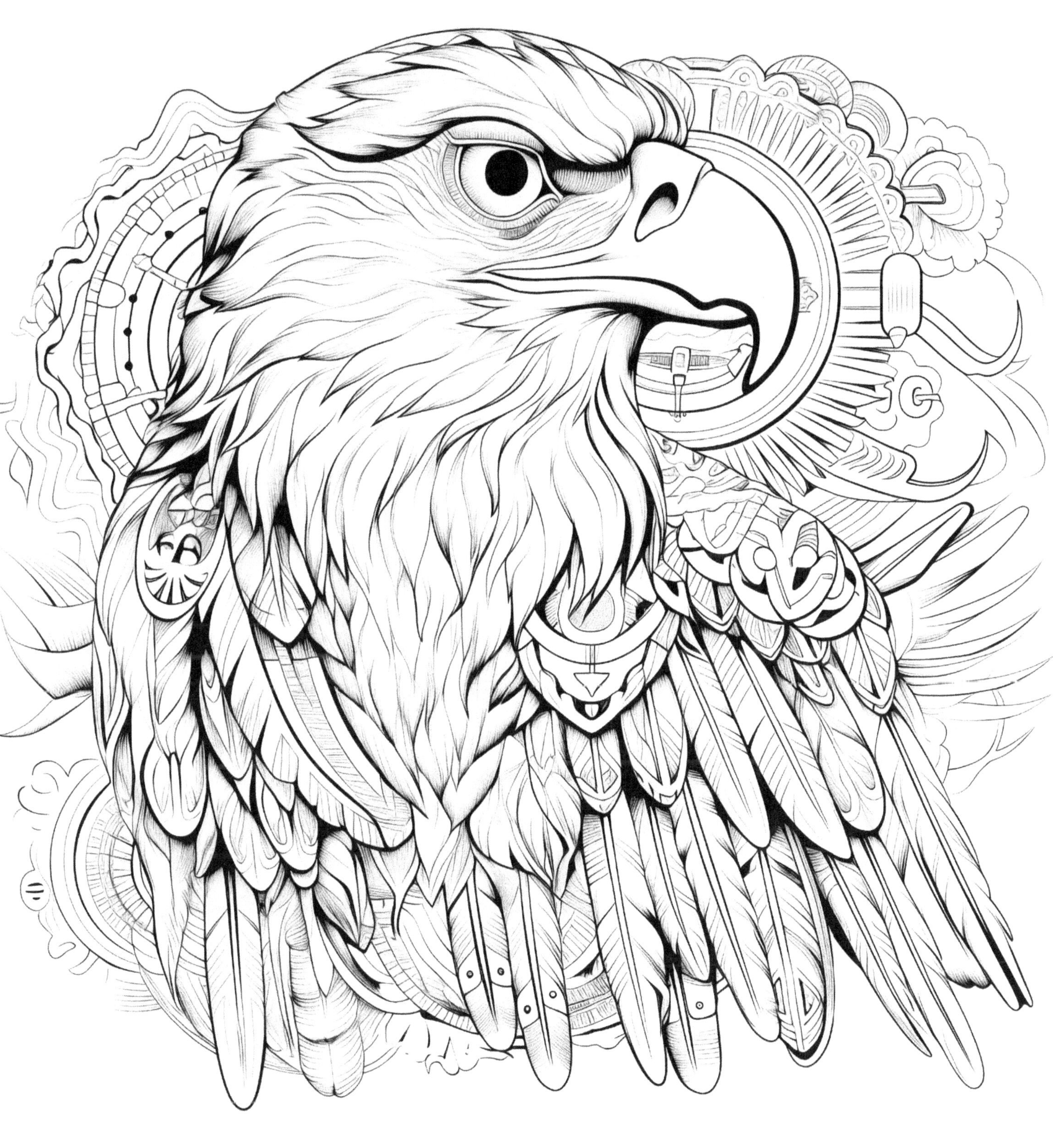

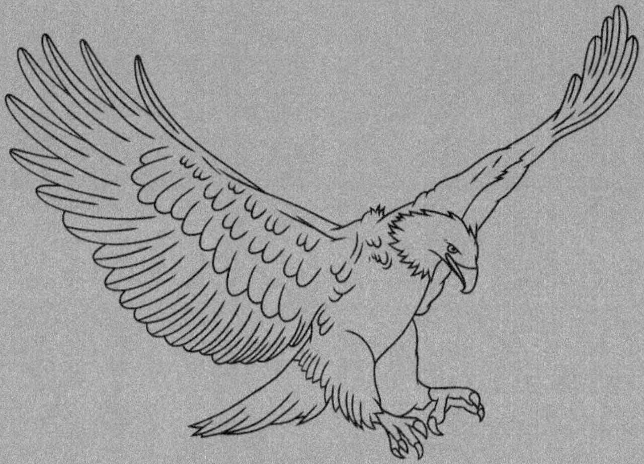

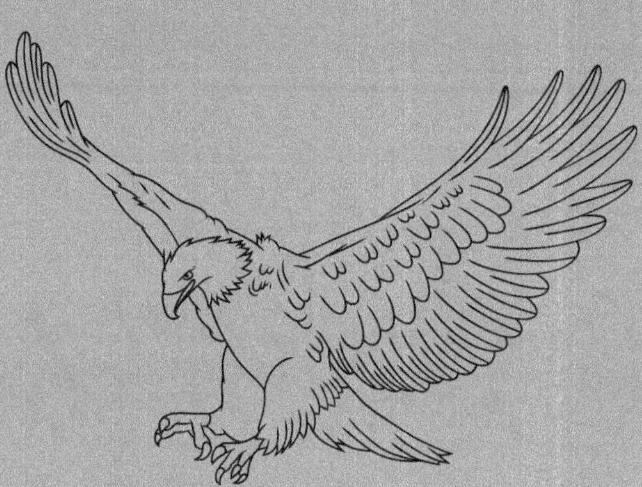

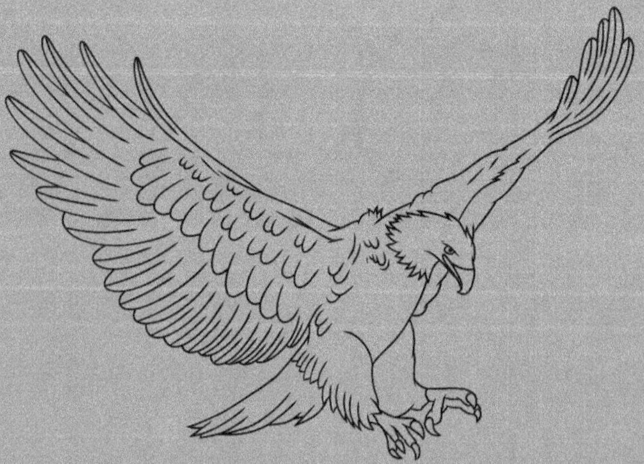

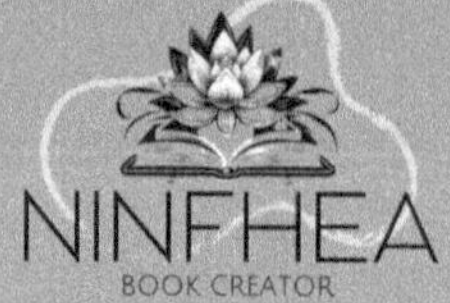

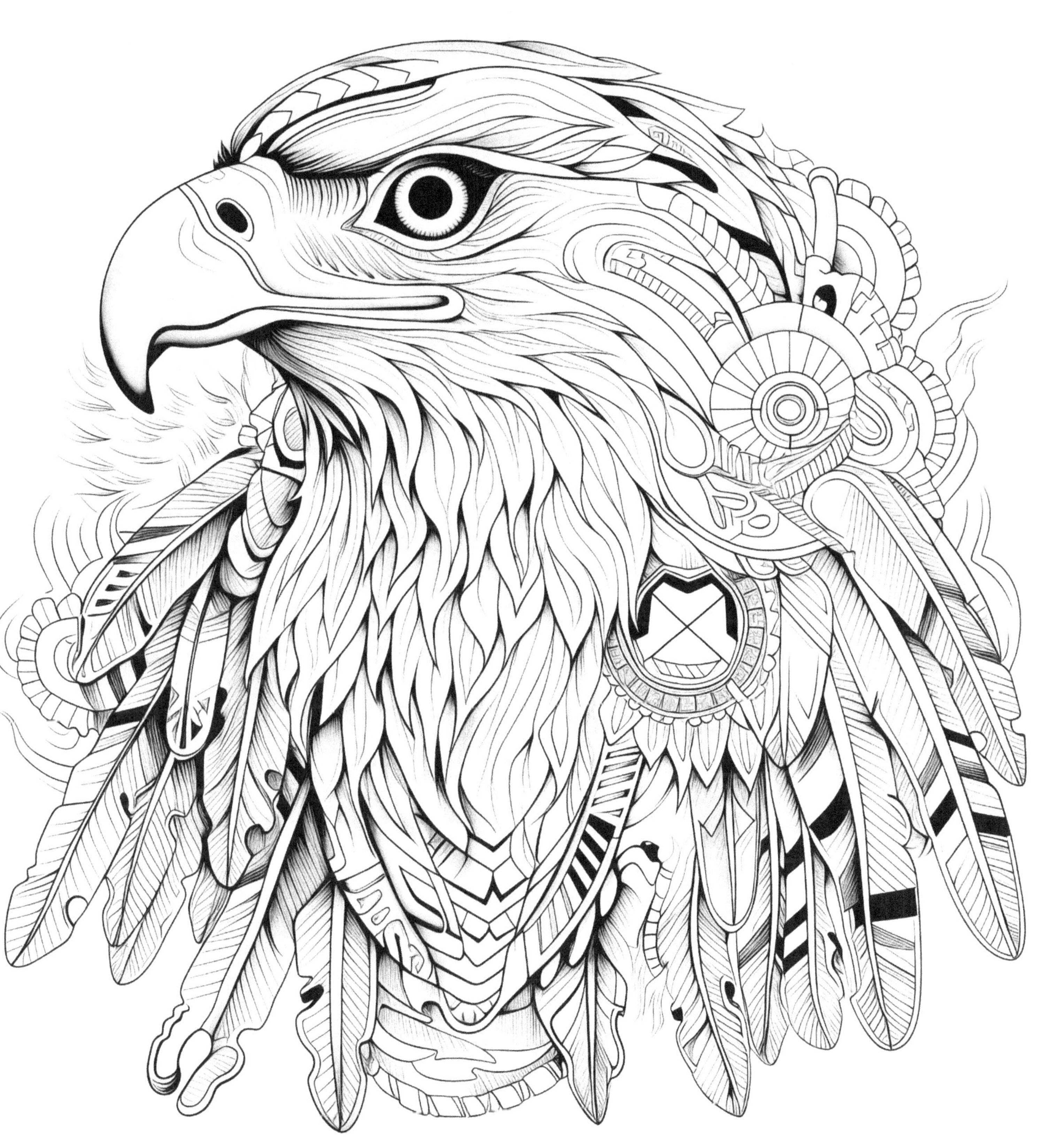

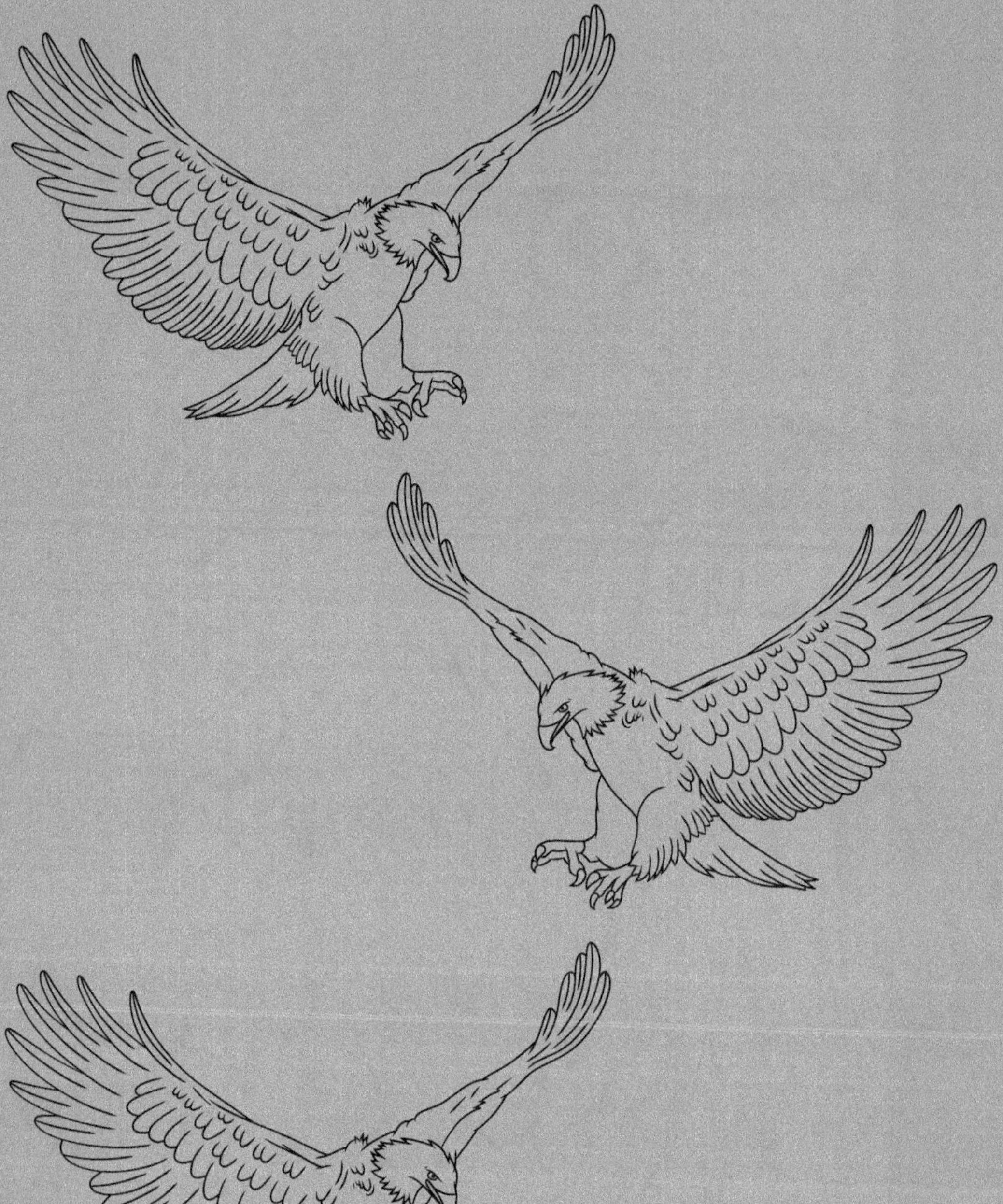

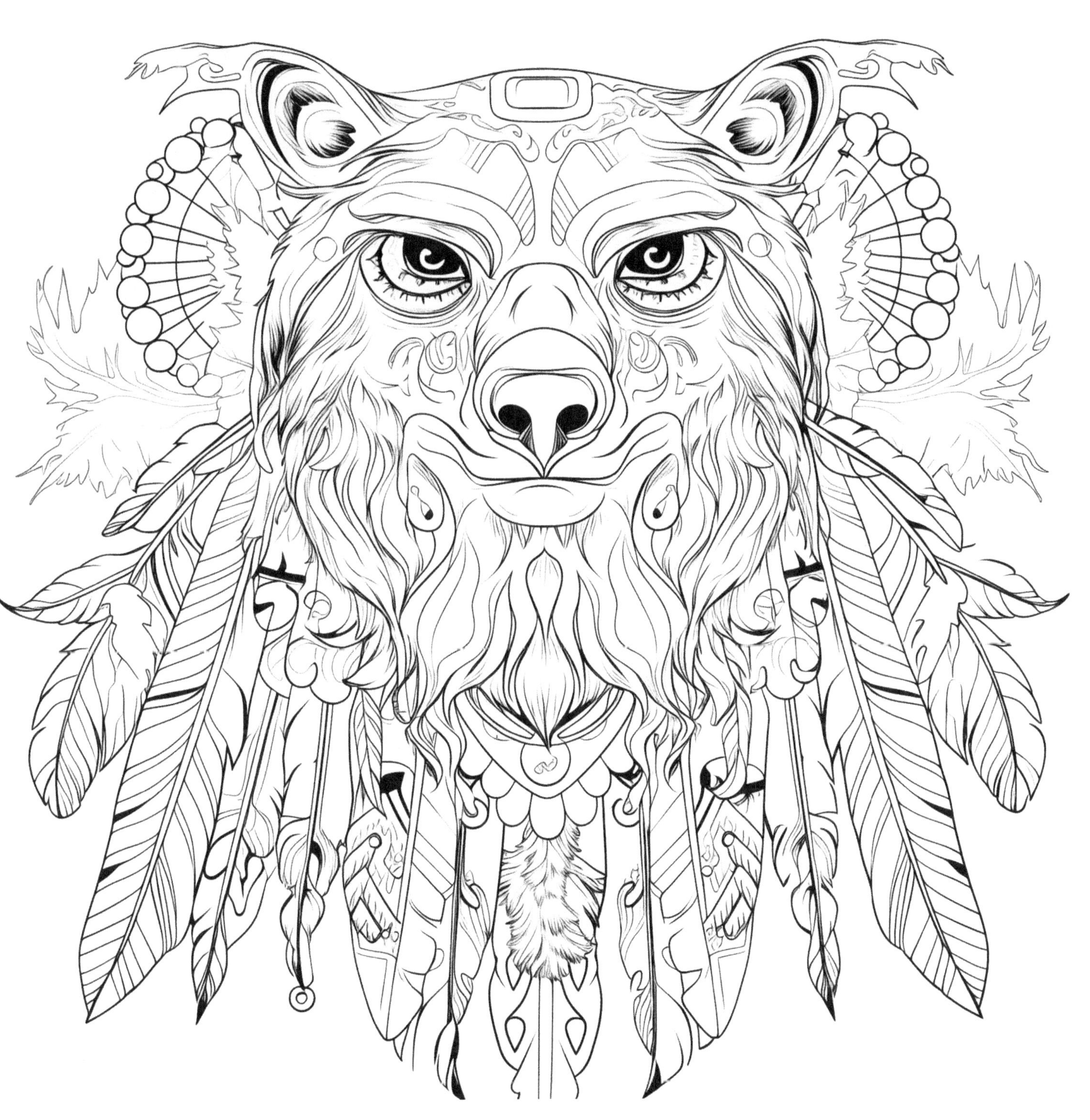

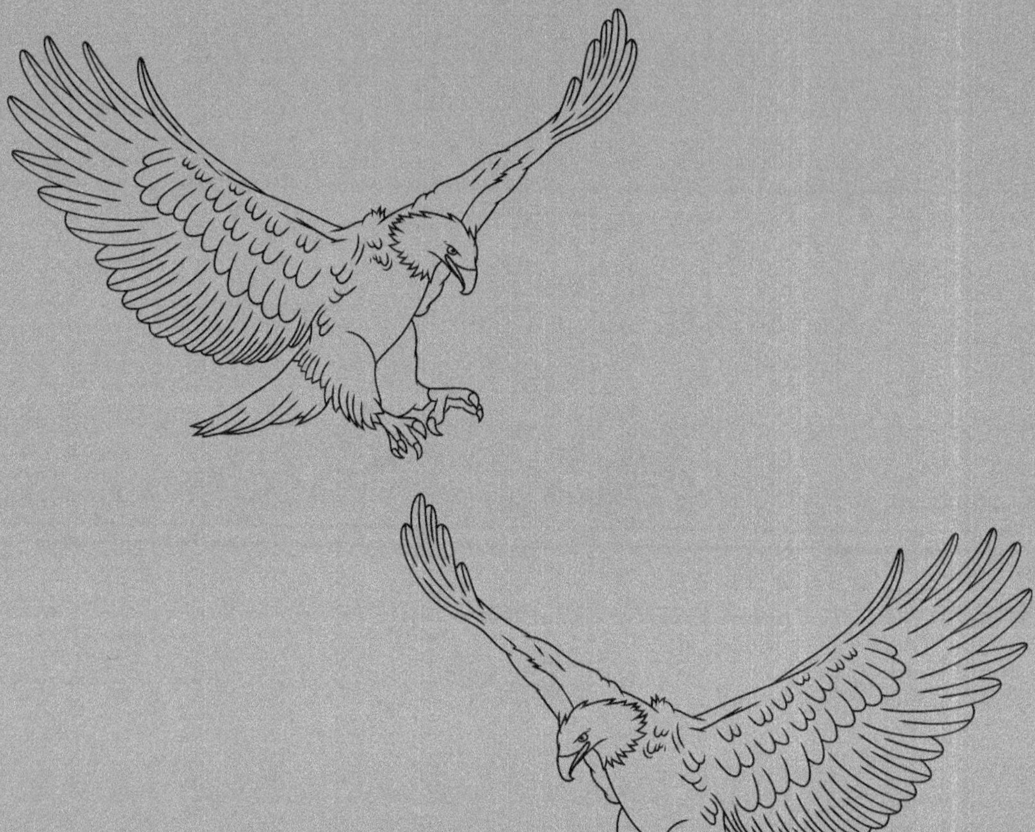

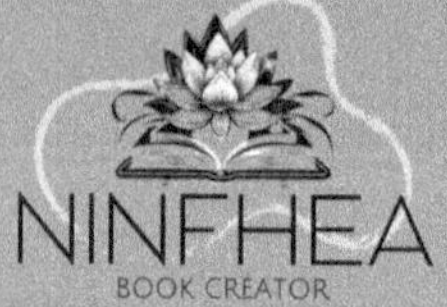

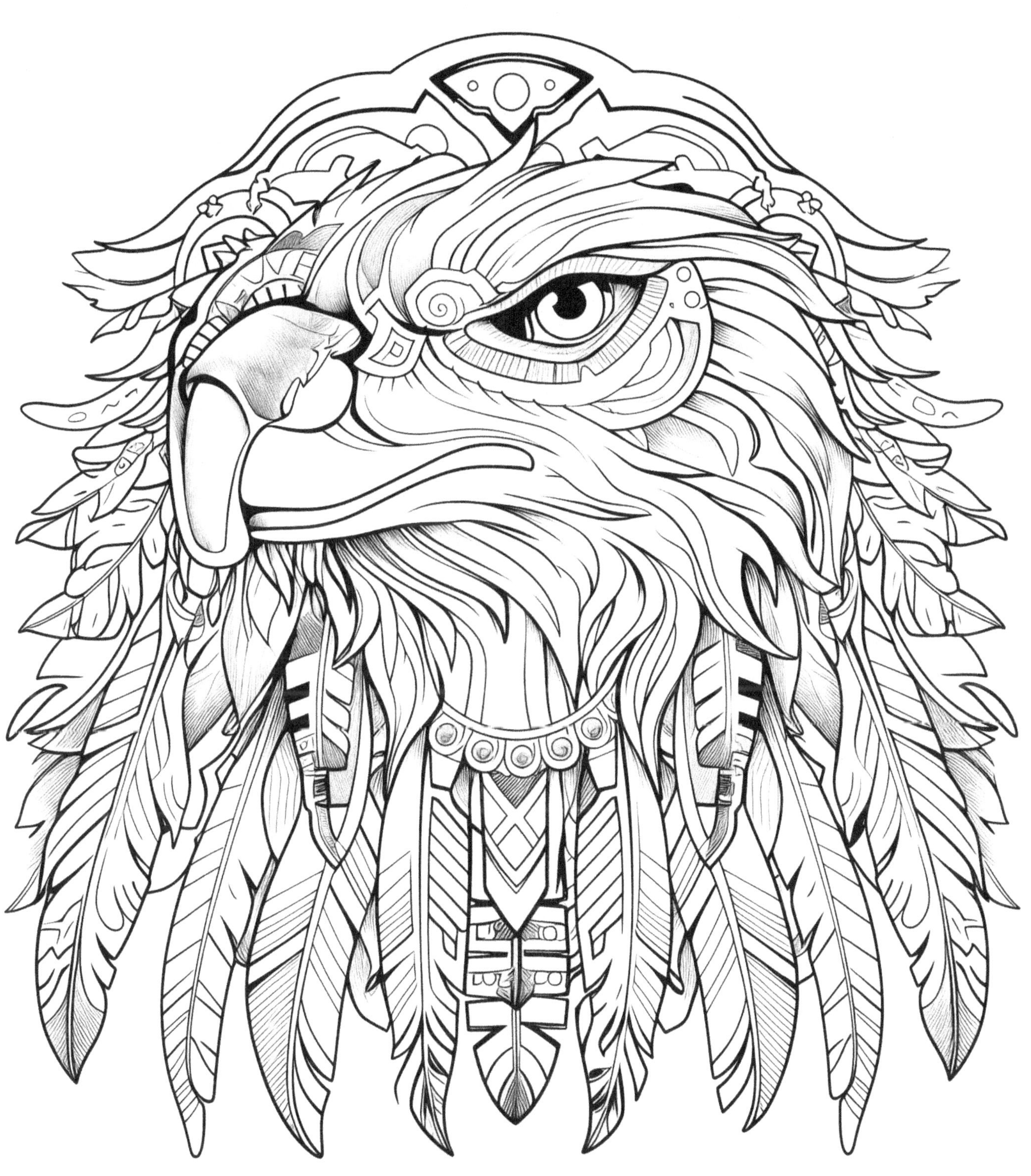

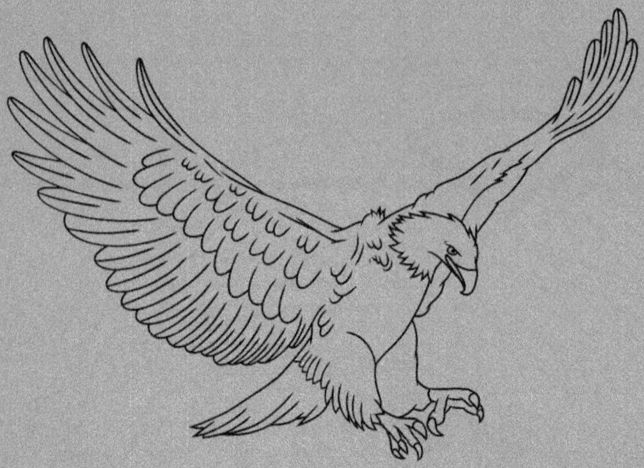

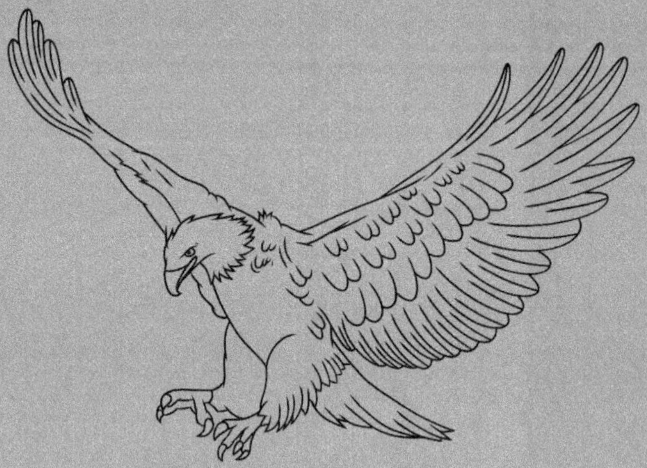

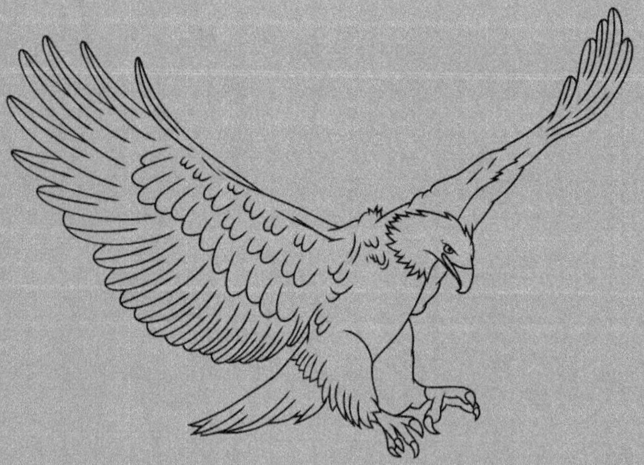

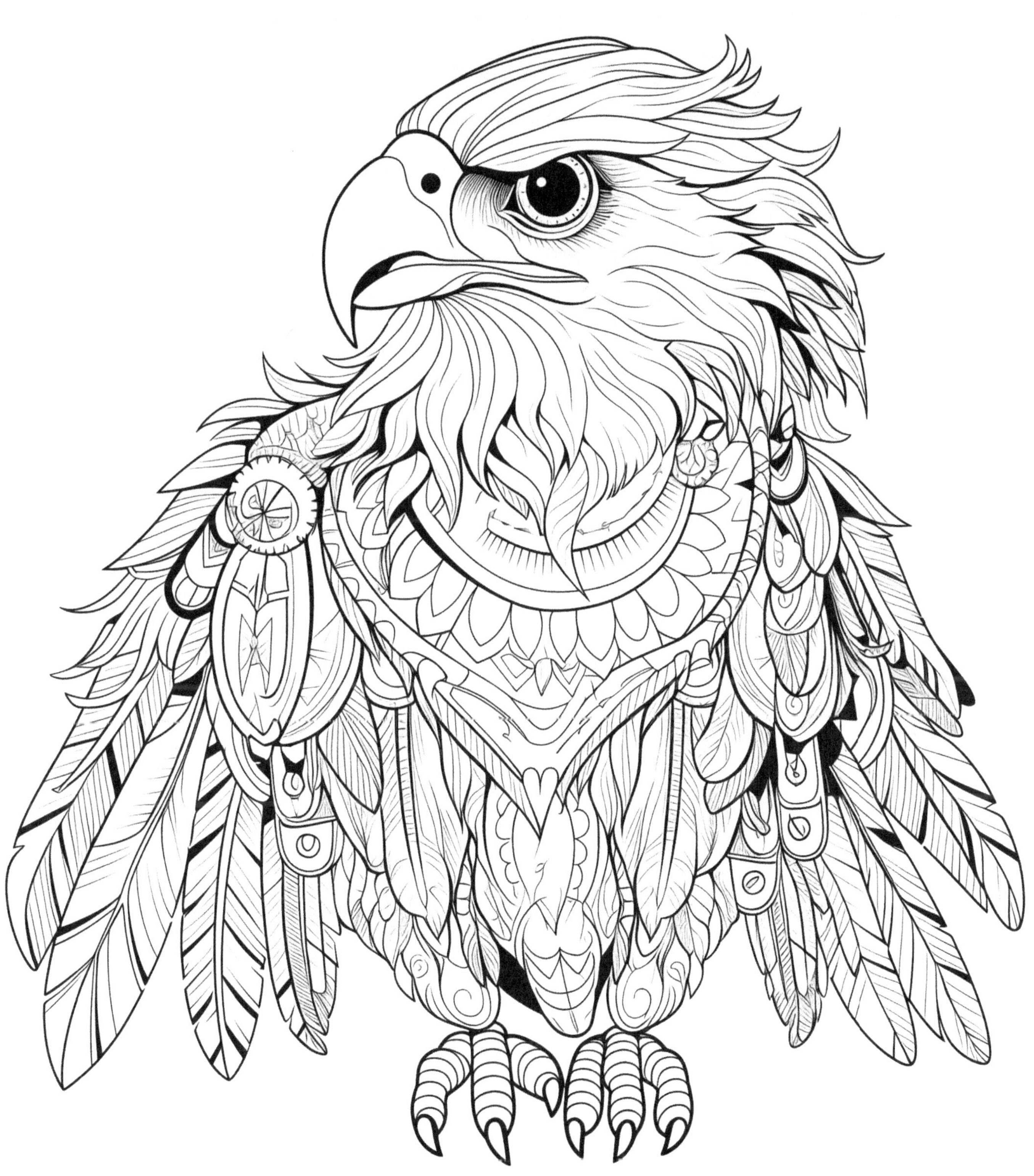

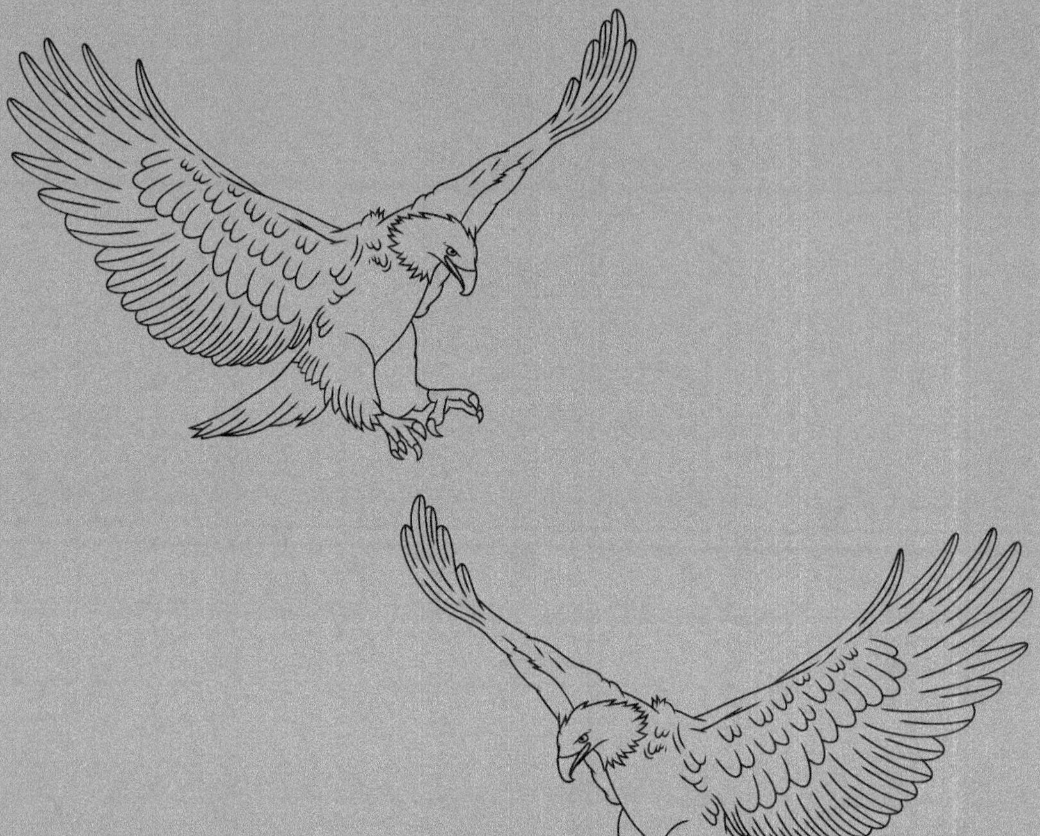

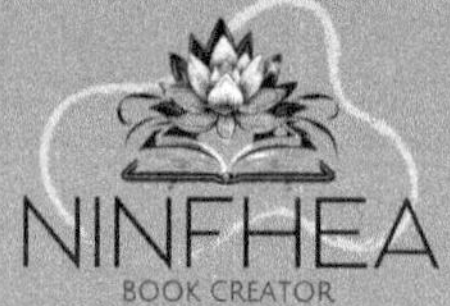

NINFHEA
BOOK CREATOR

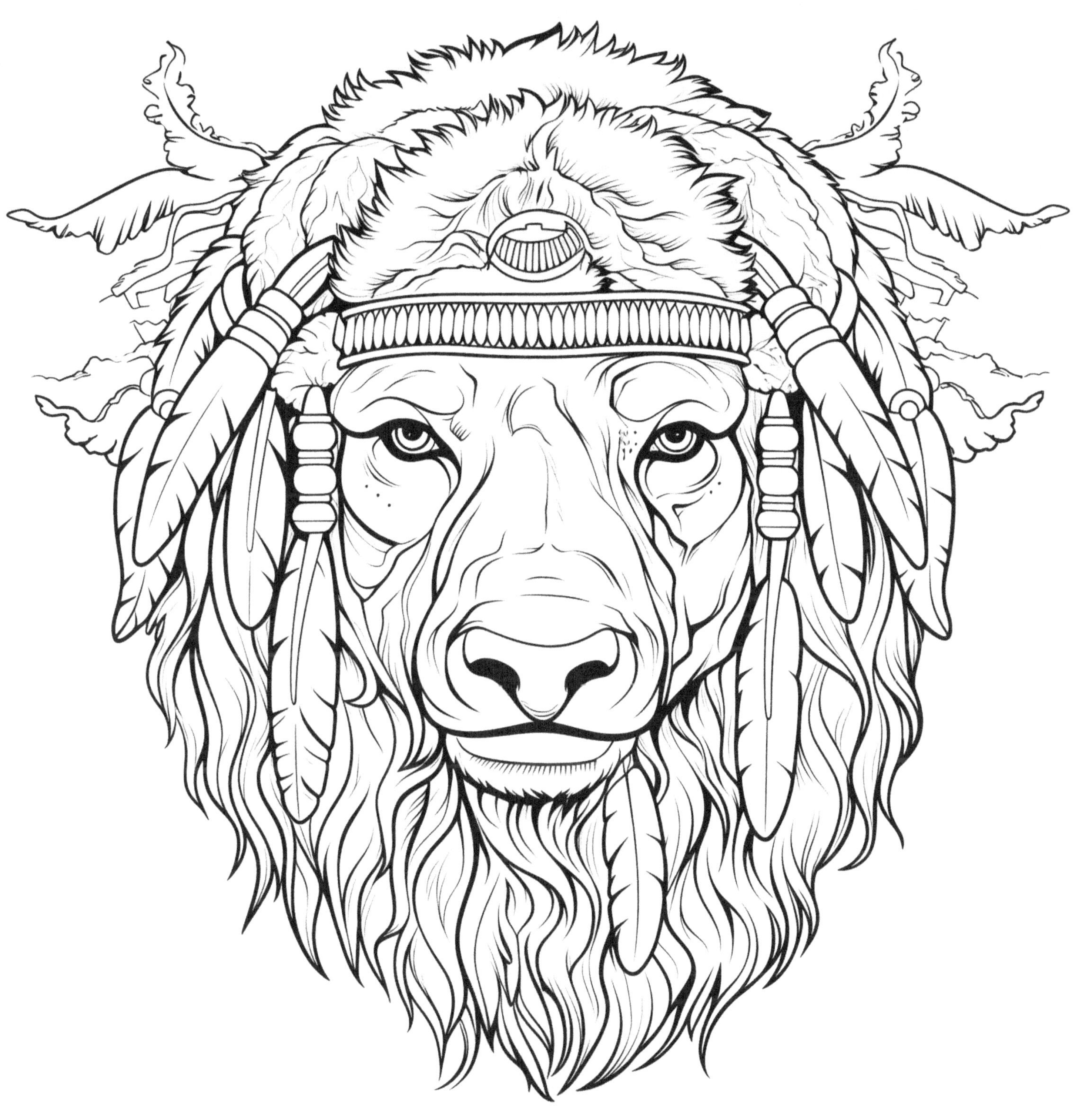

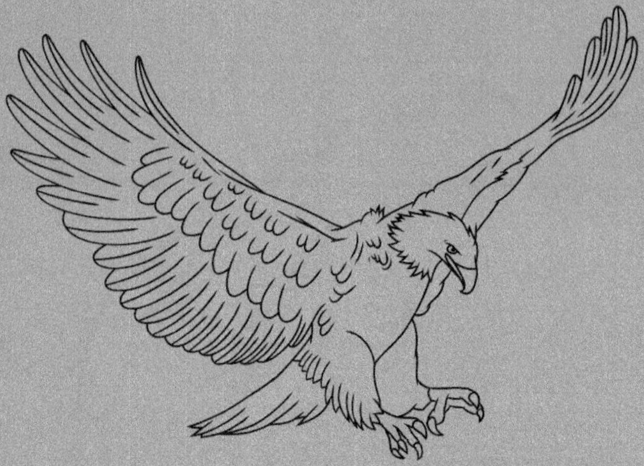

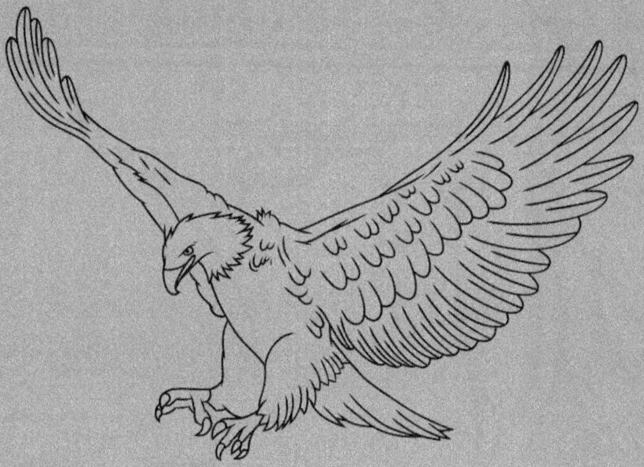

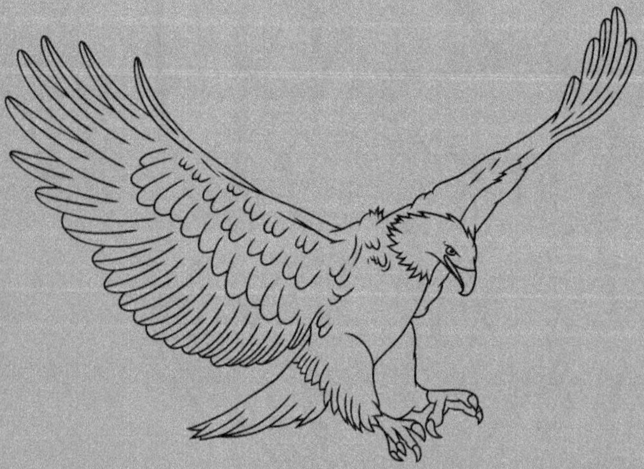

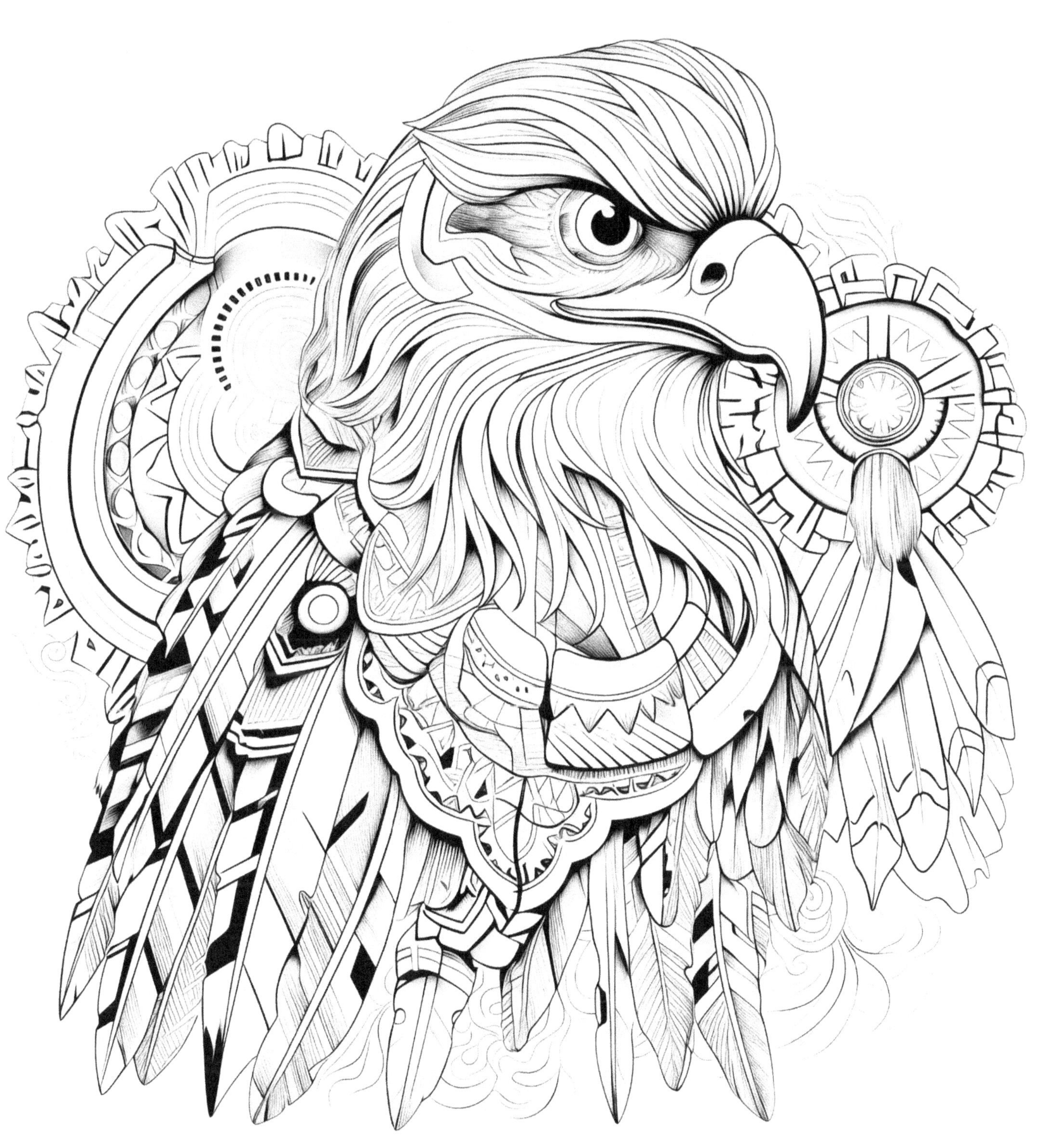

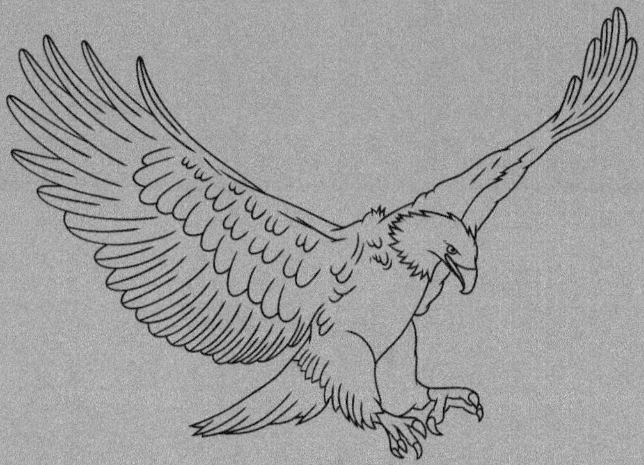

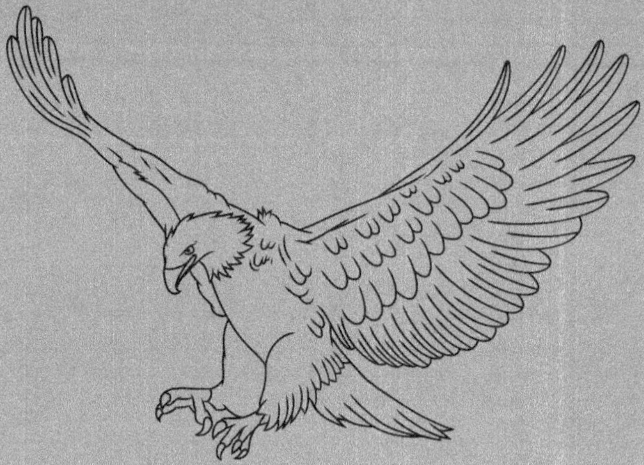

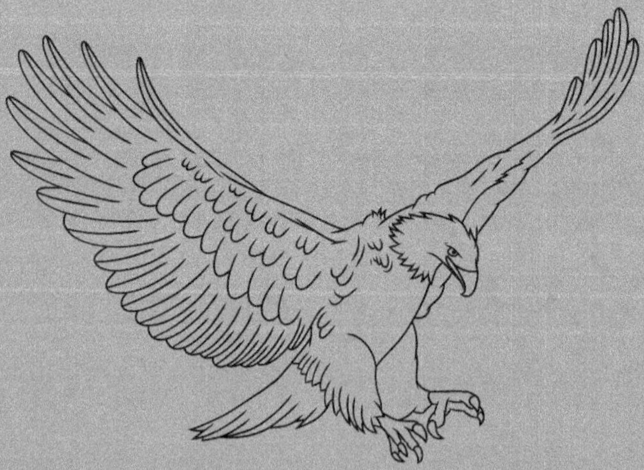

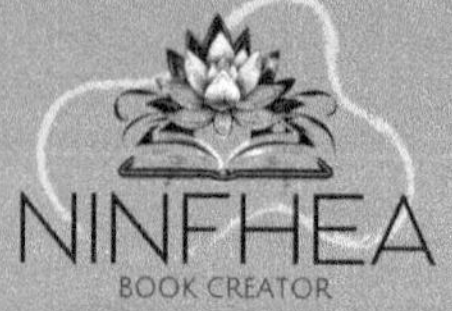

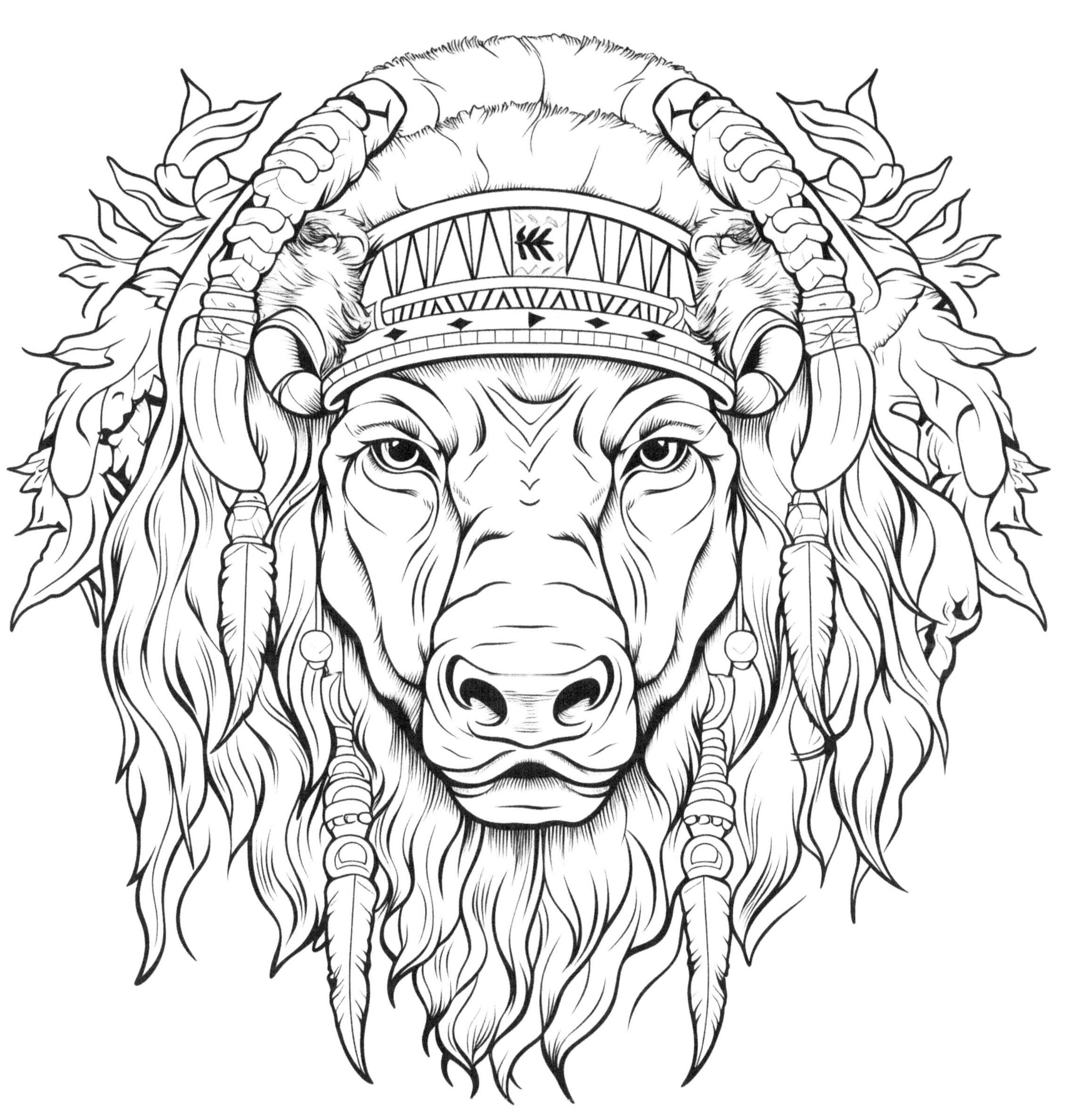

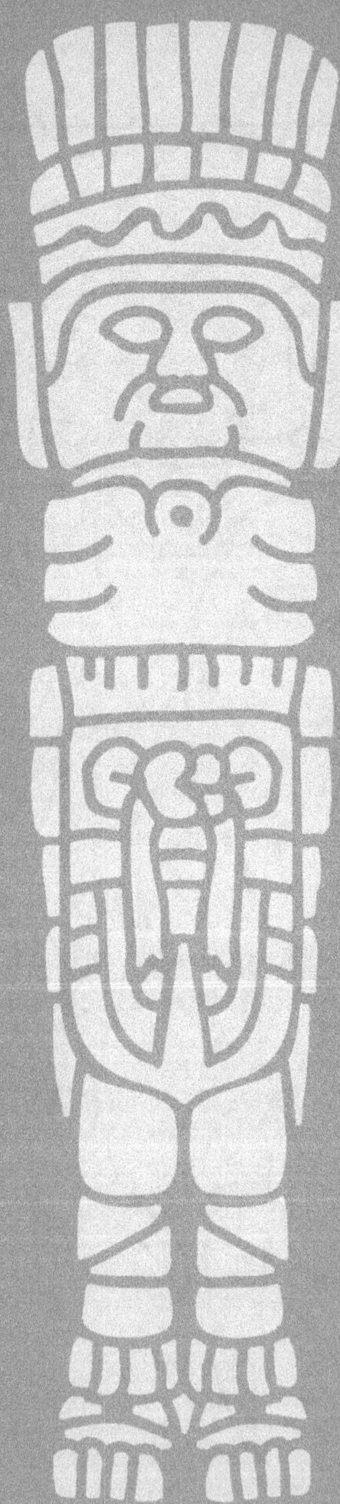
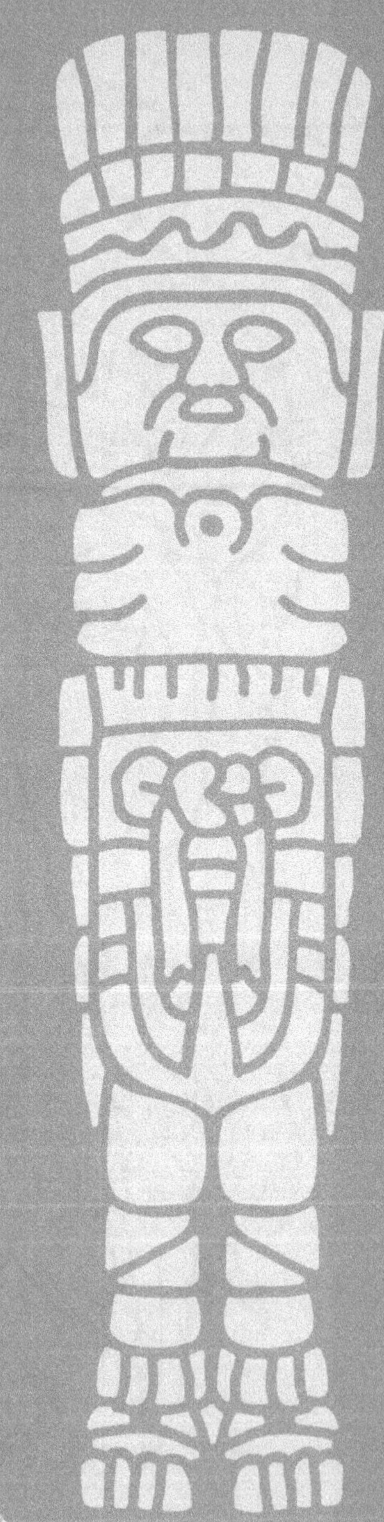
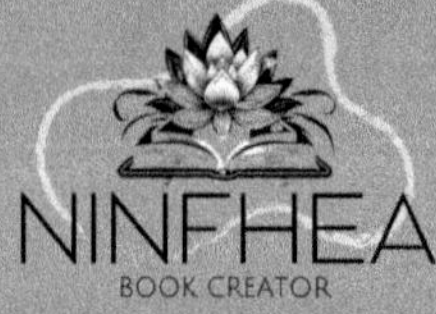
NINFHEA
BOOK CREATOR

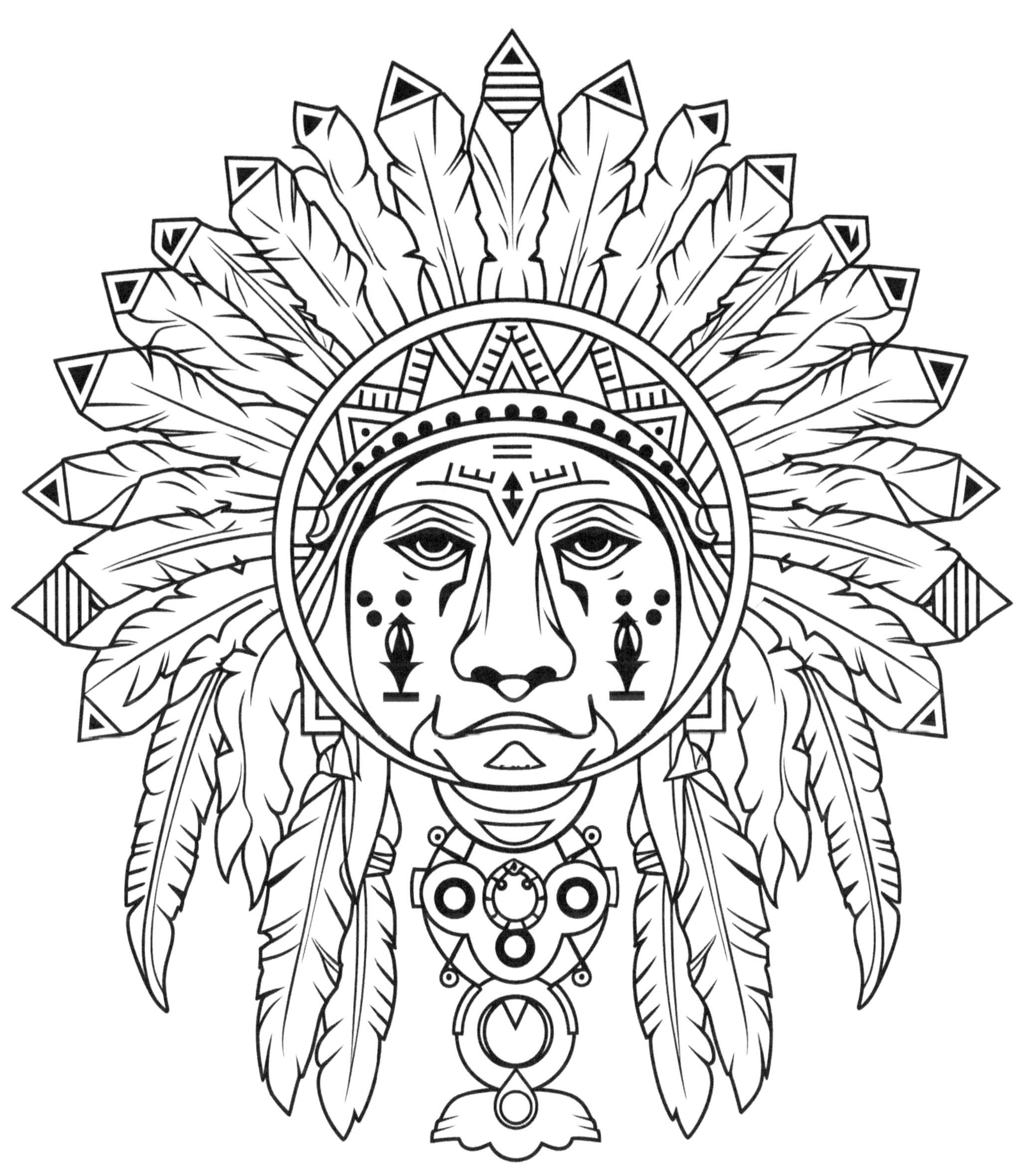

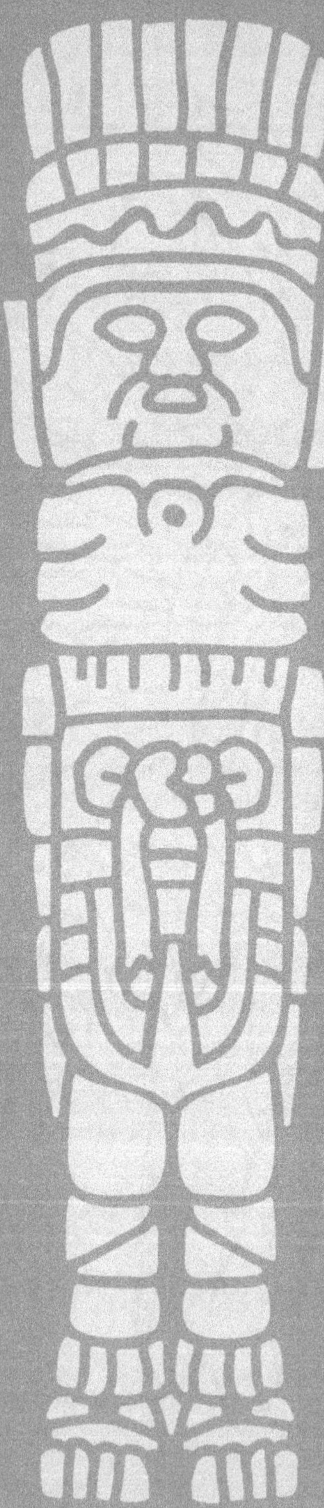
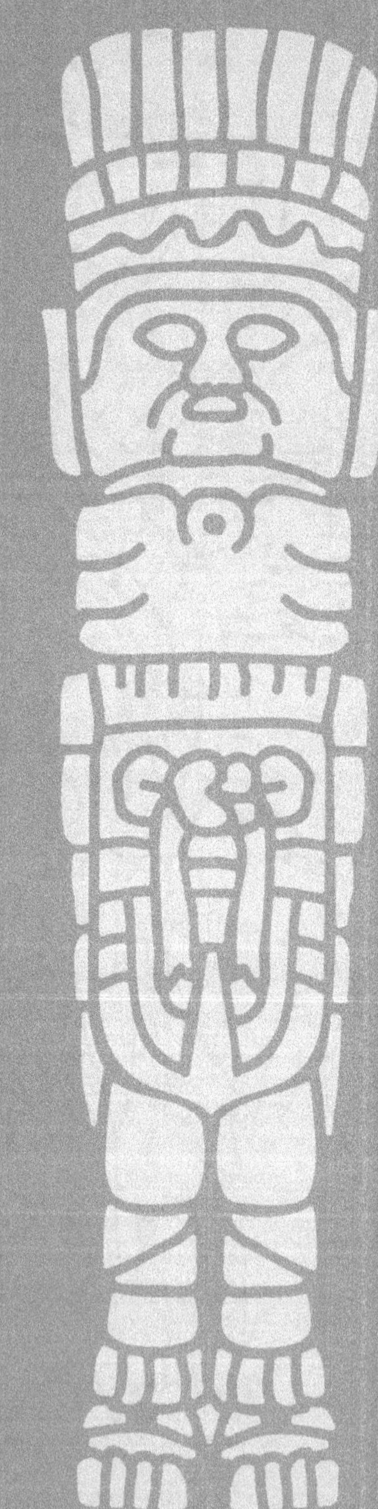
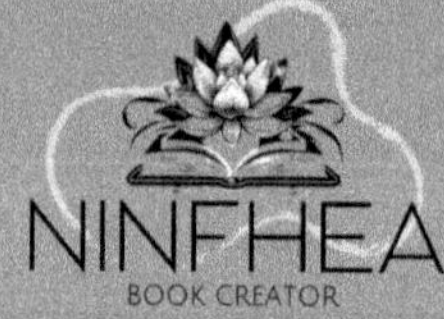

NINFHEA
BOOK CREATOR

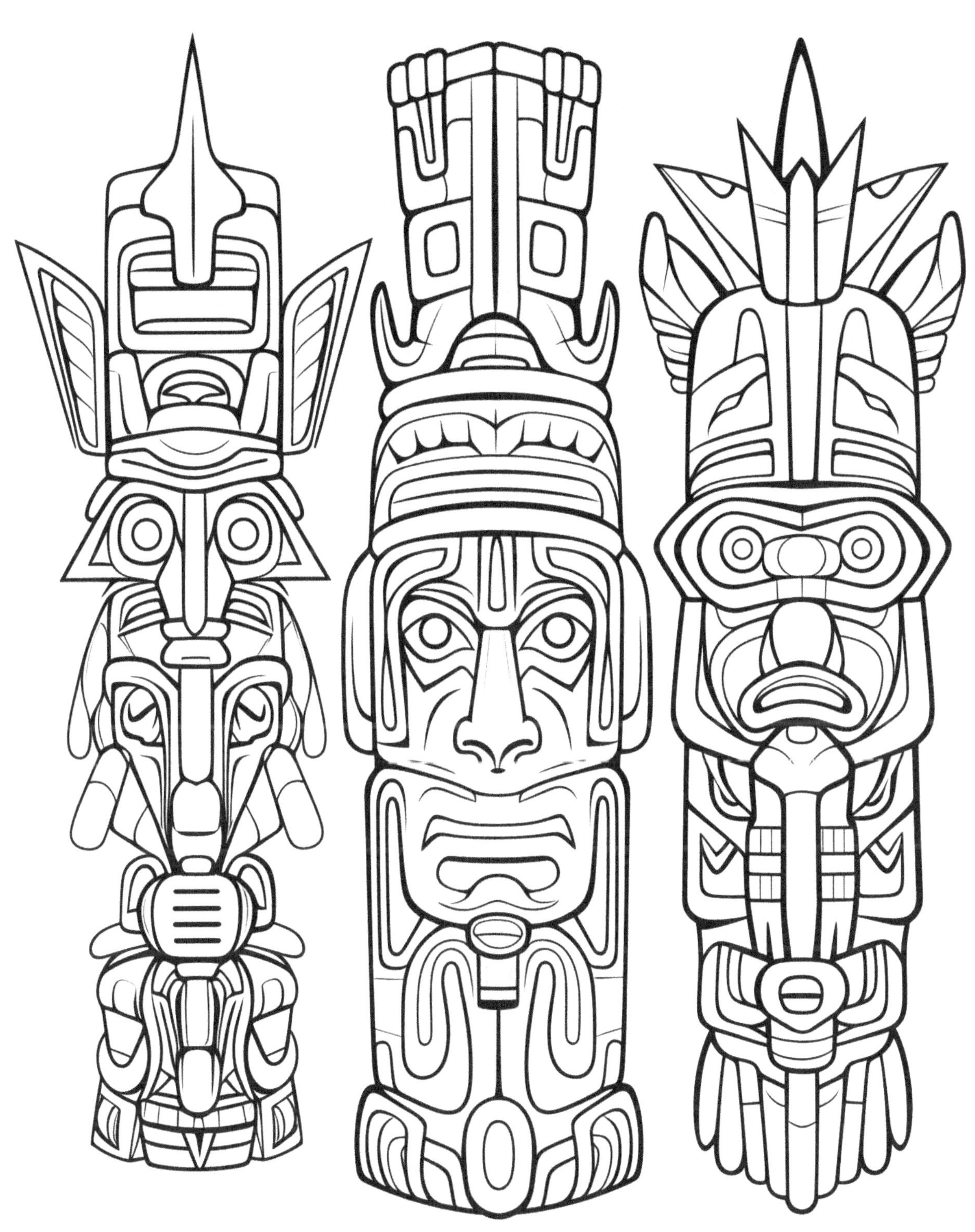

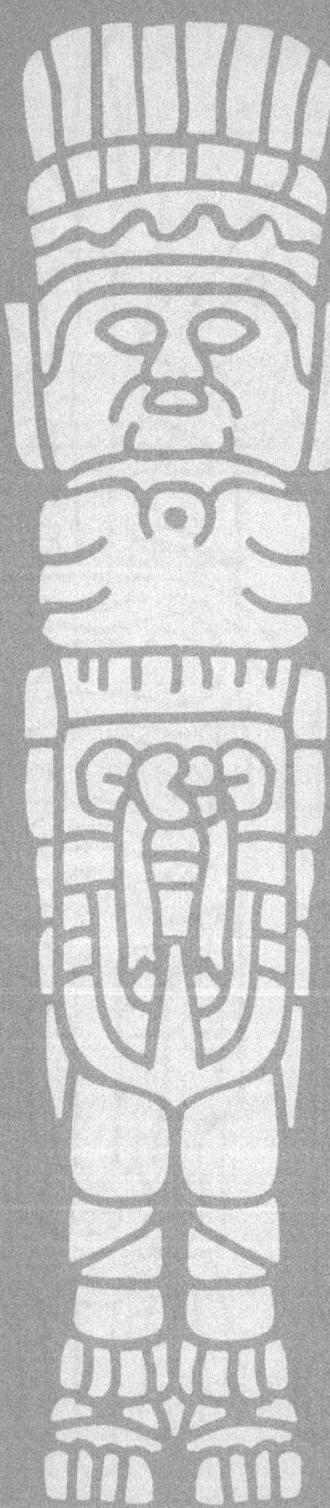
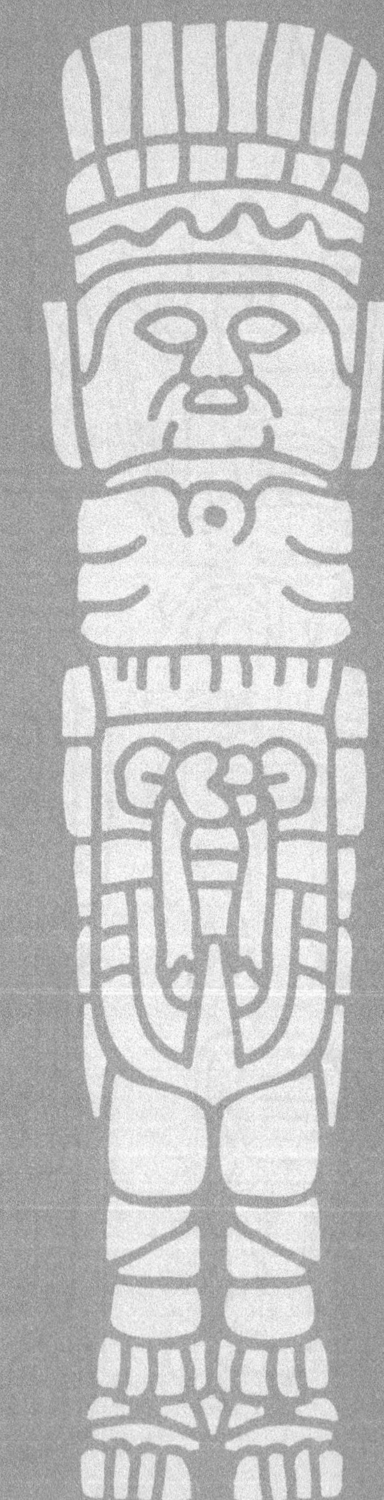
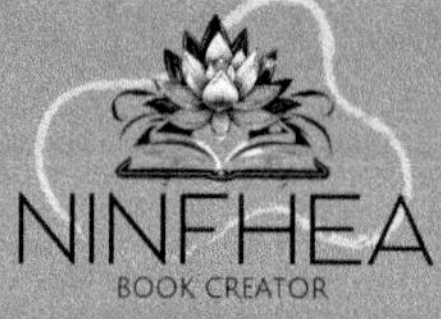
NINFHEA
BOOK CREATOR

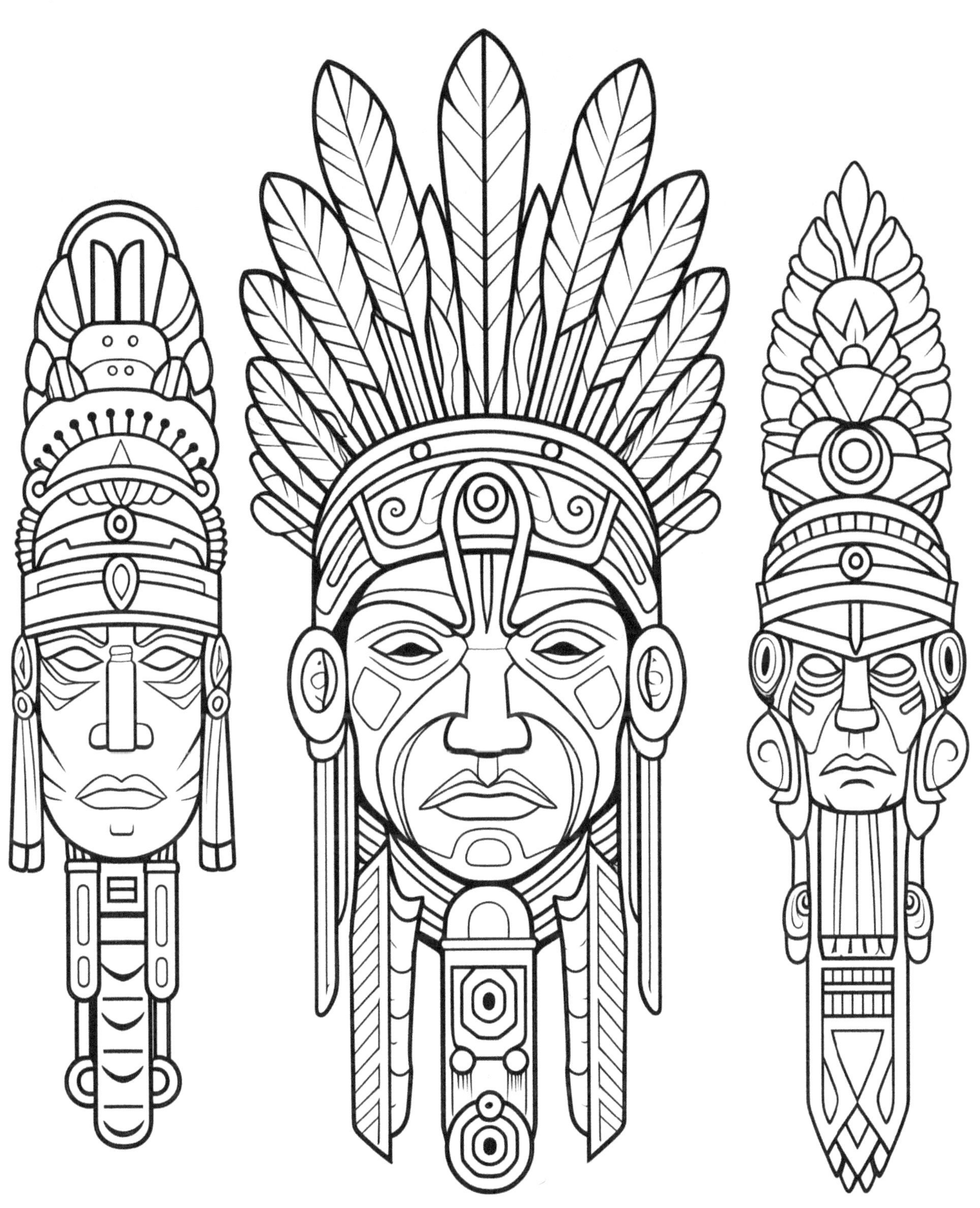

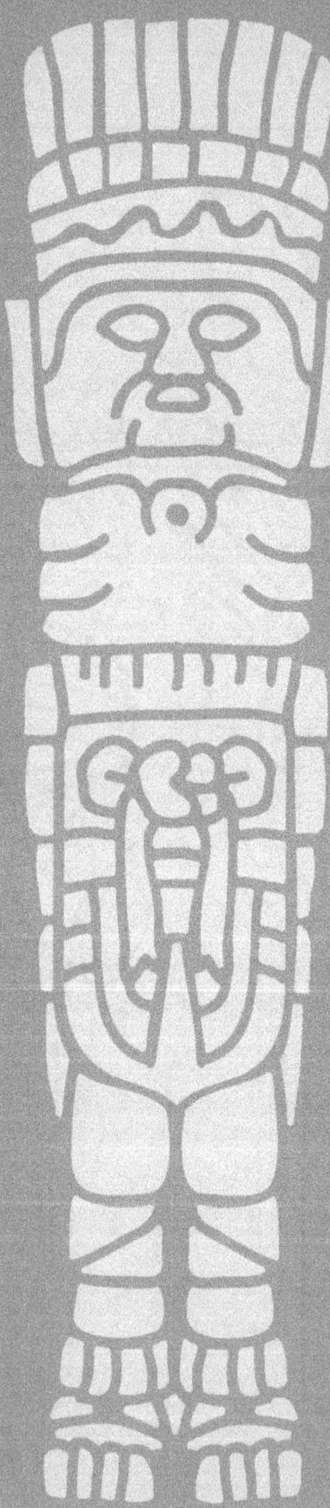
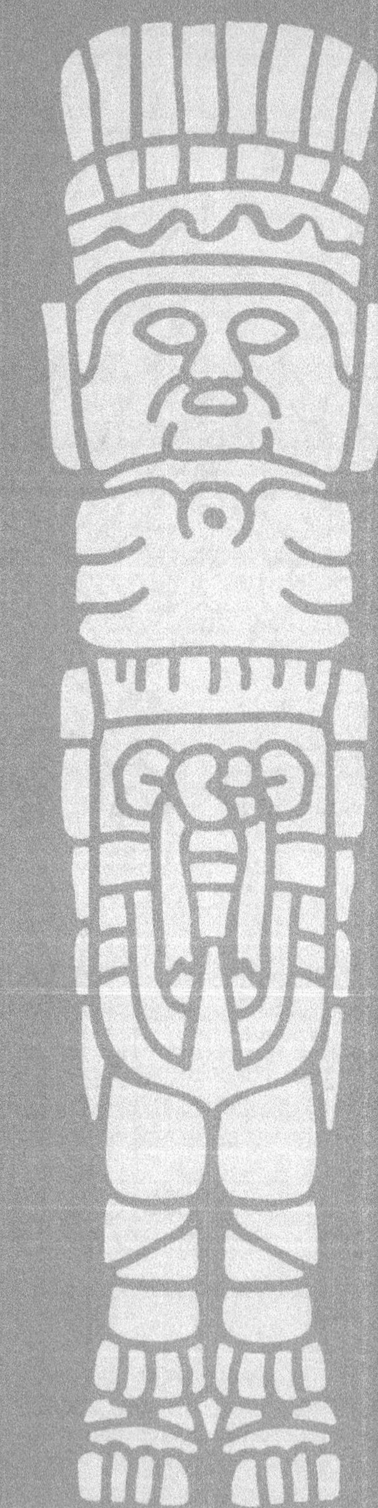
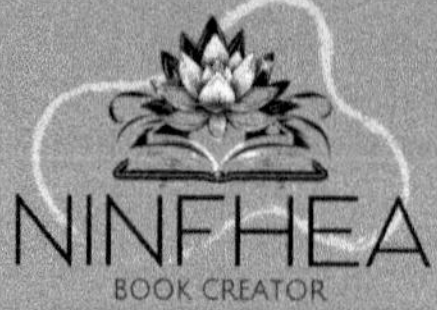

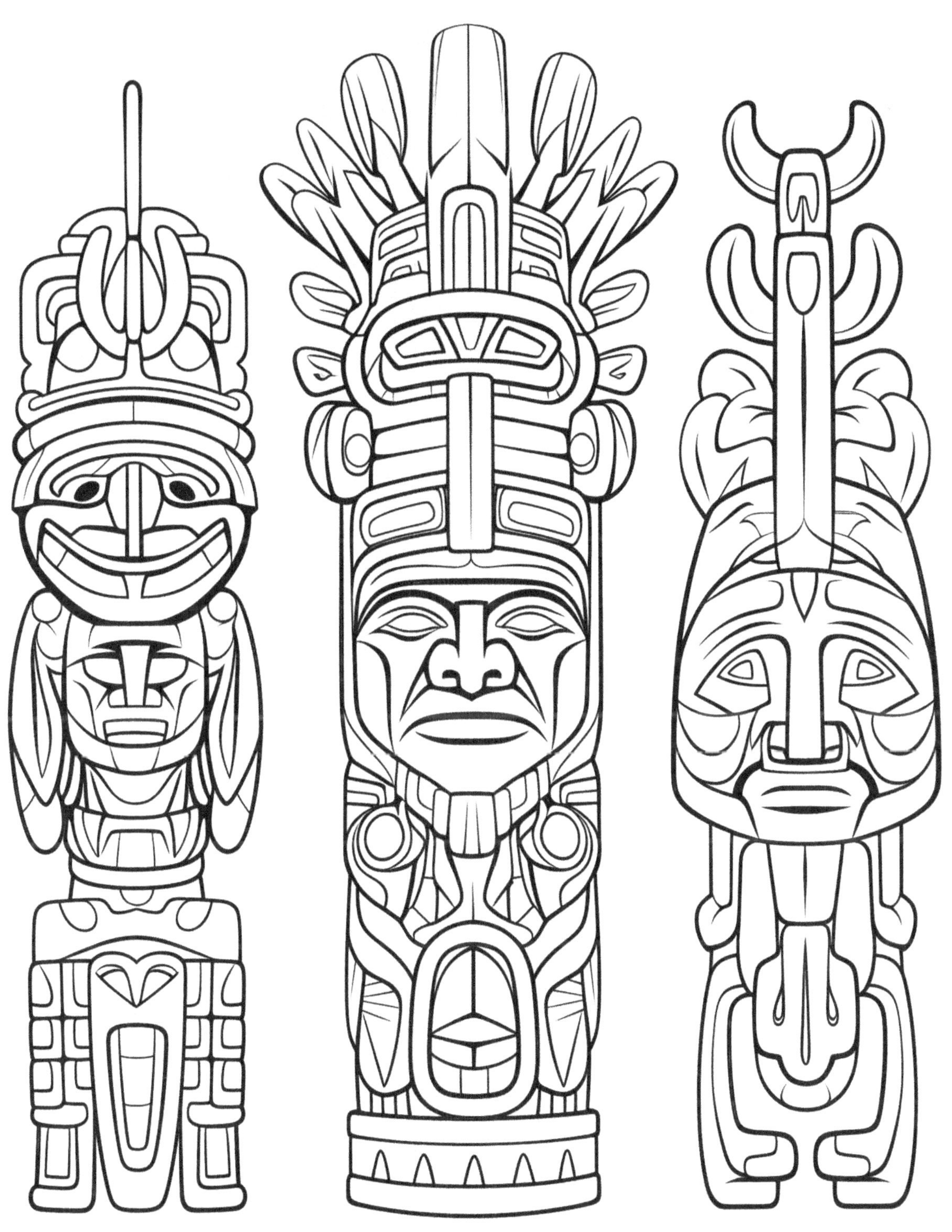

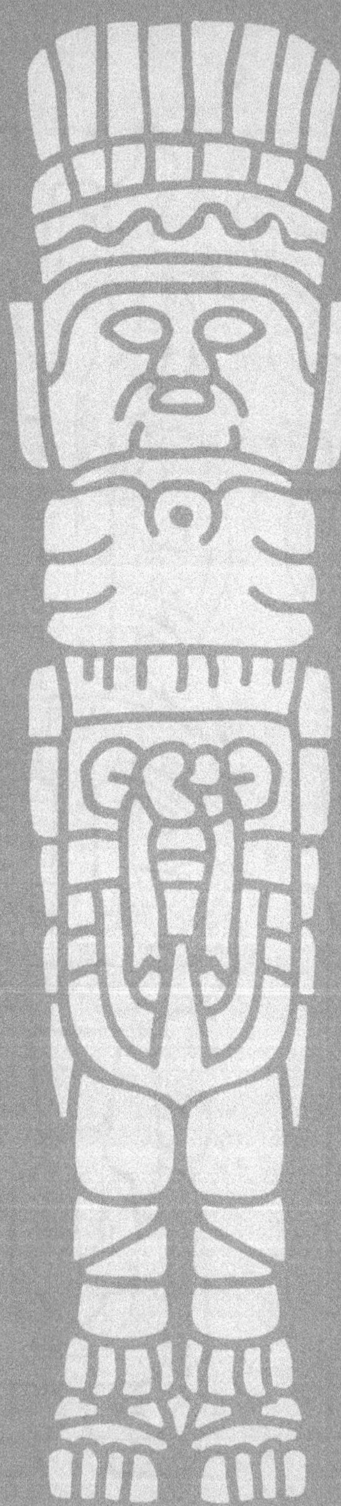
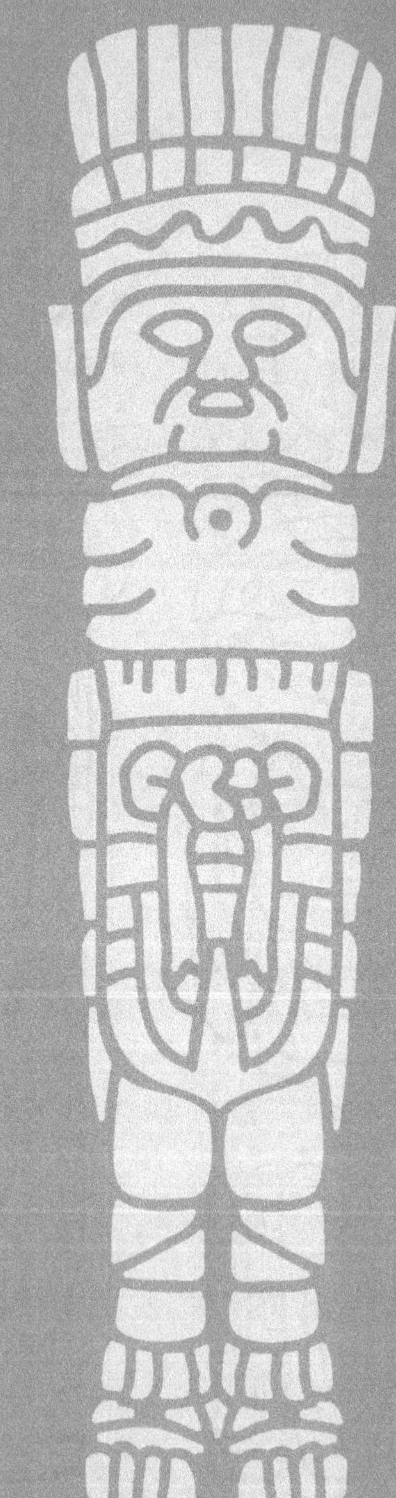
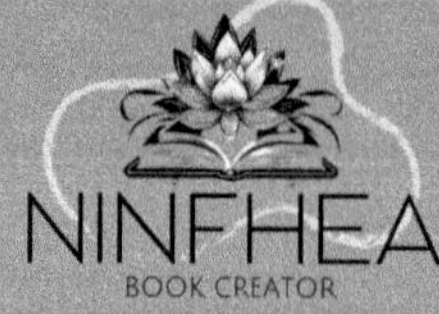
NINFHEA
BOOK CREATOR

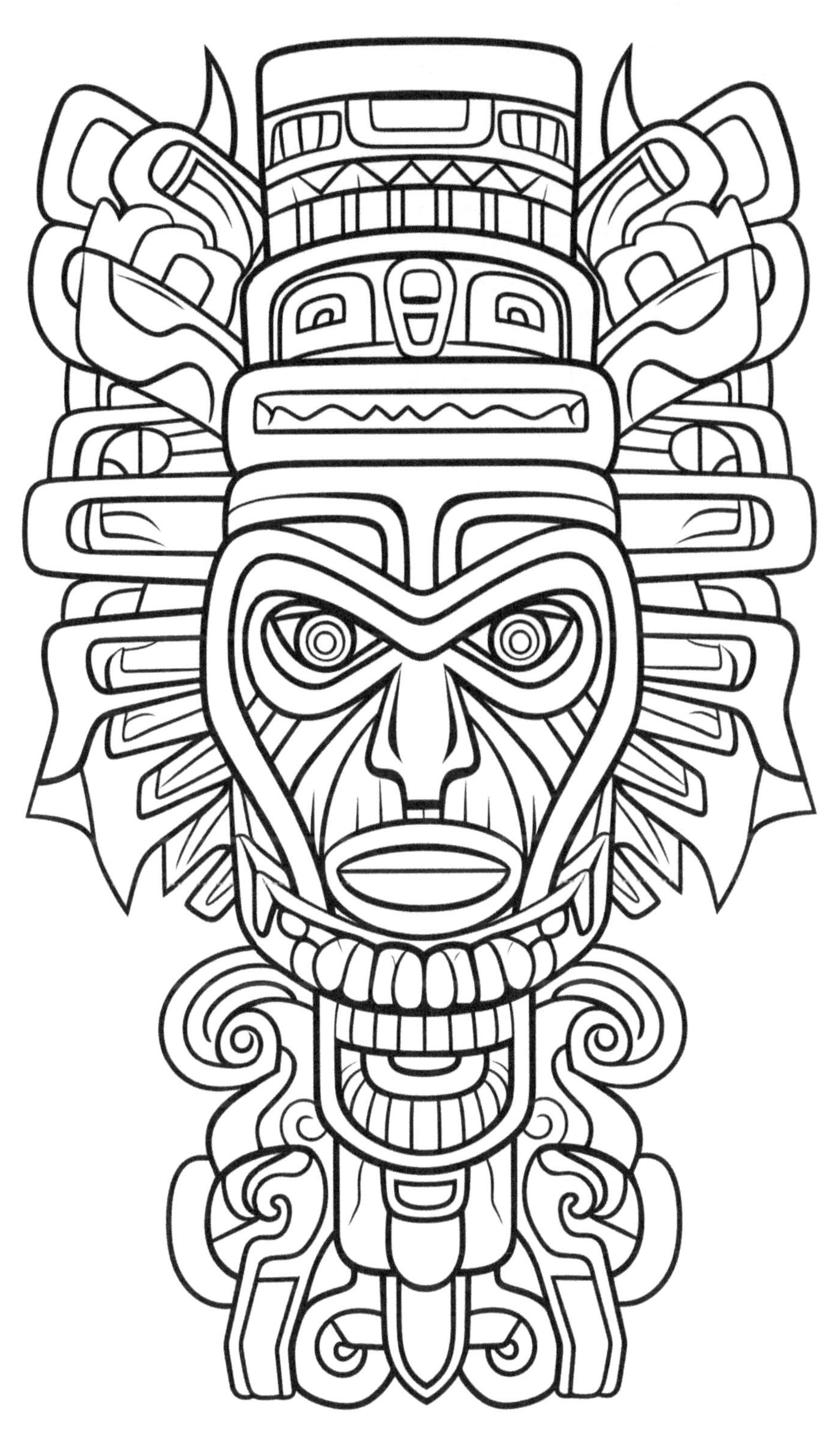

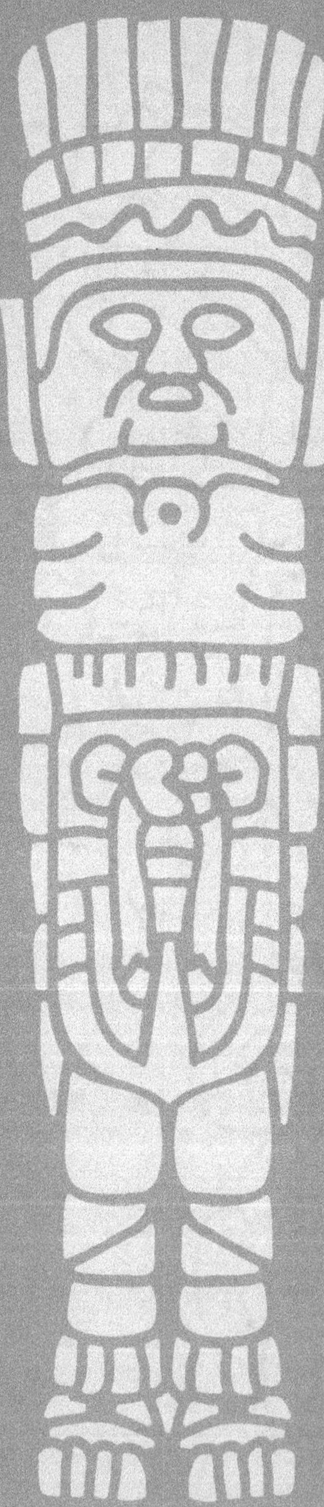
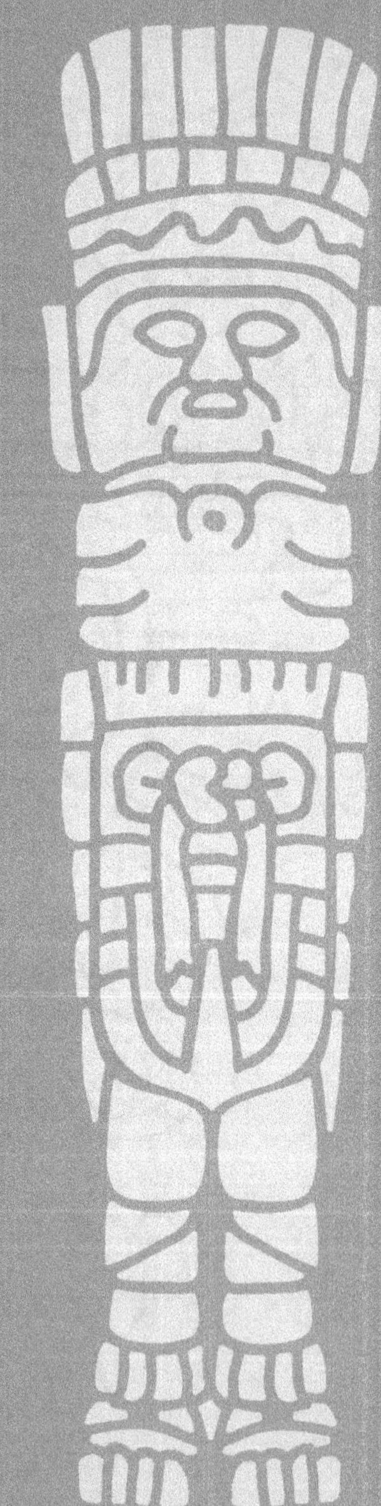
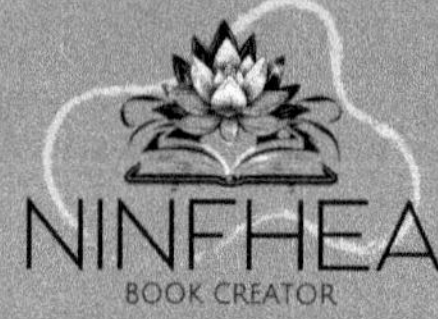

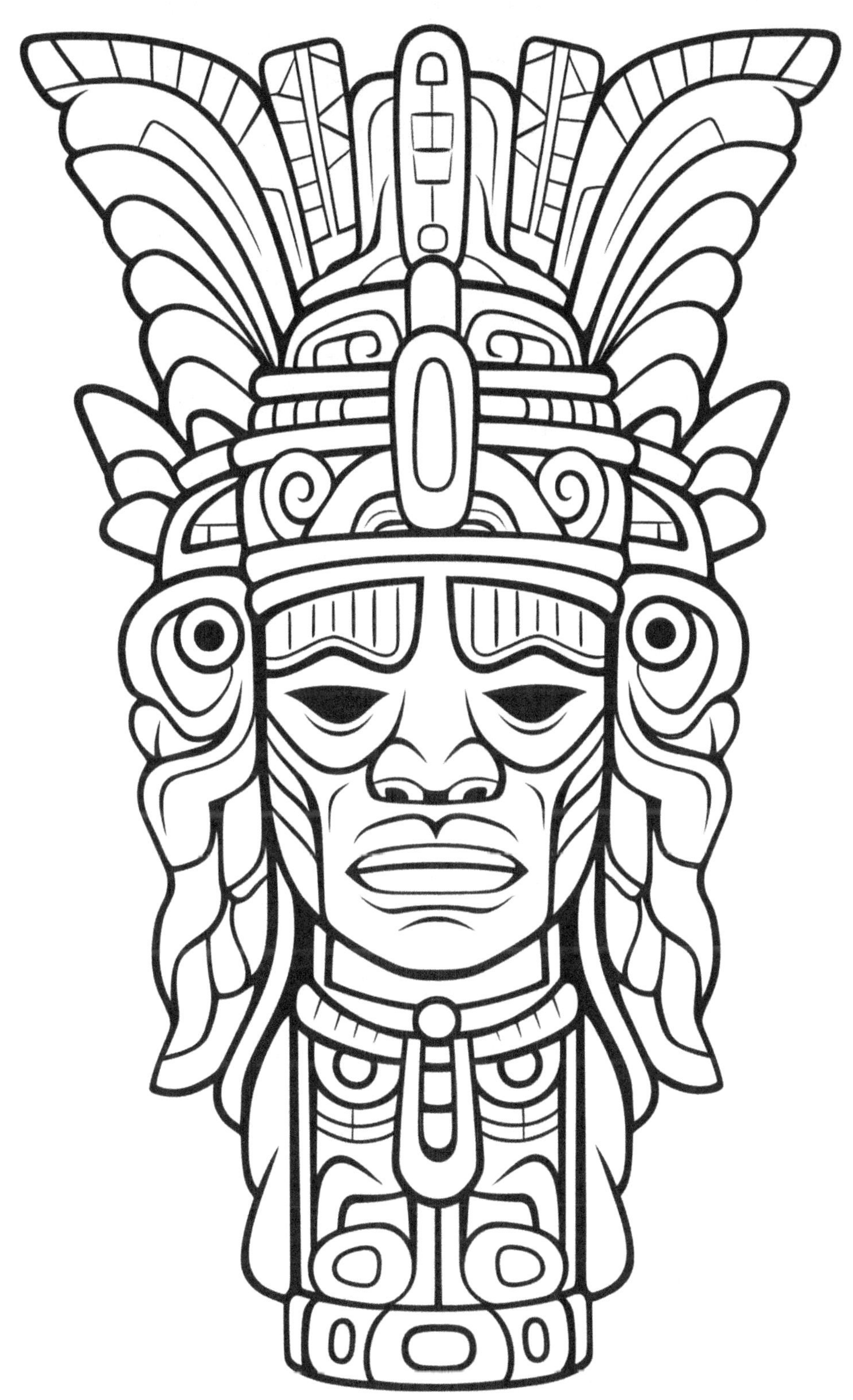

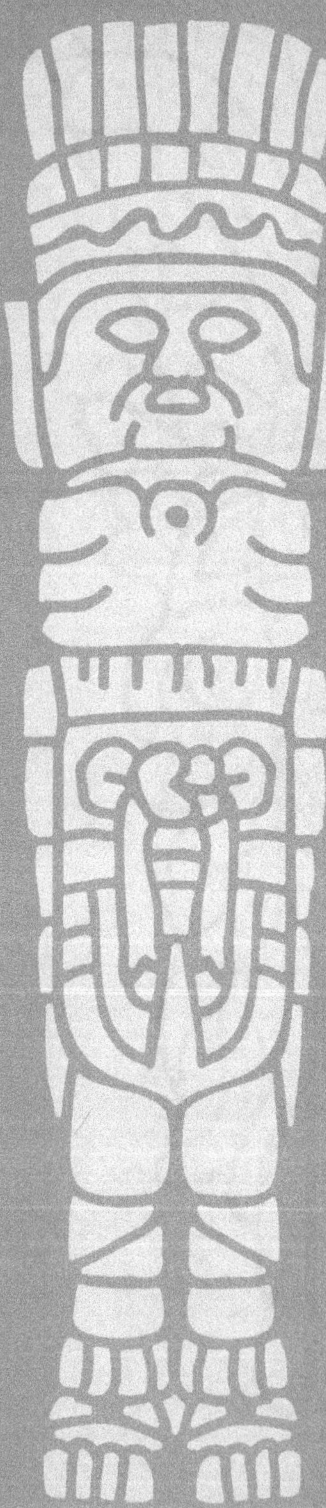
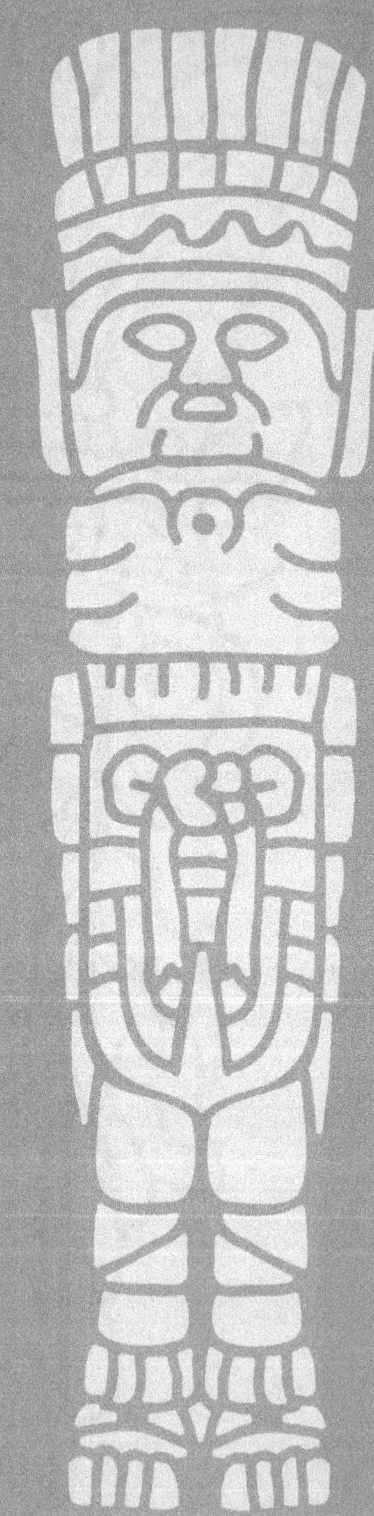
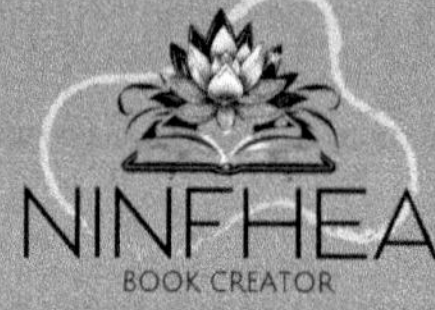
NINFHEA
BOOK CREATOR

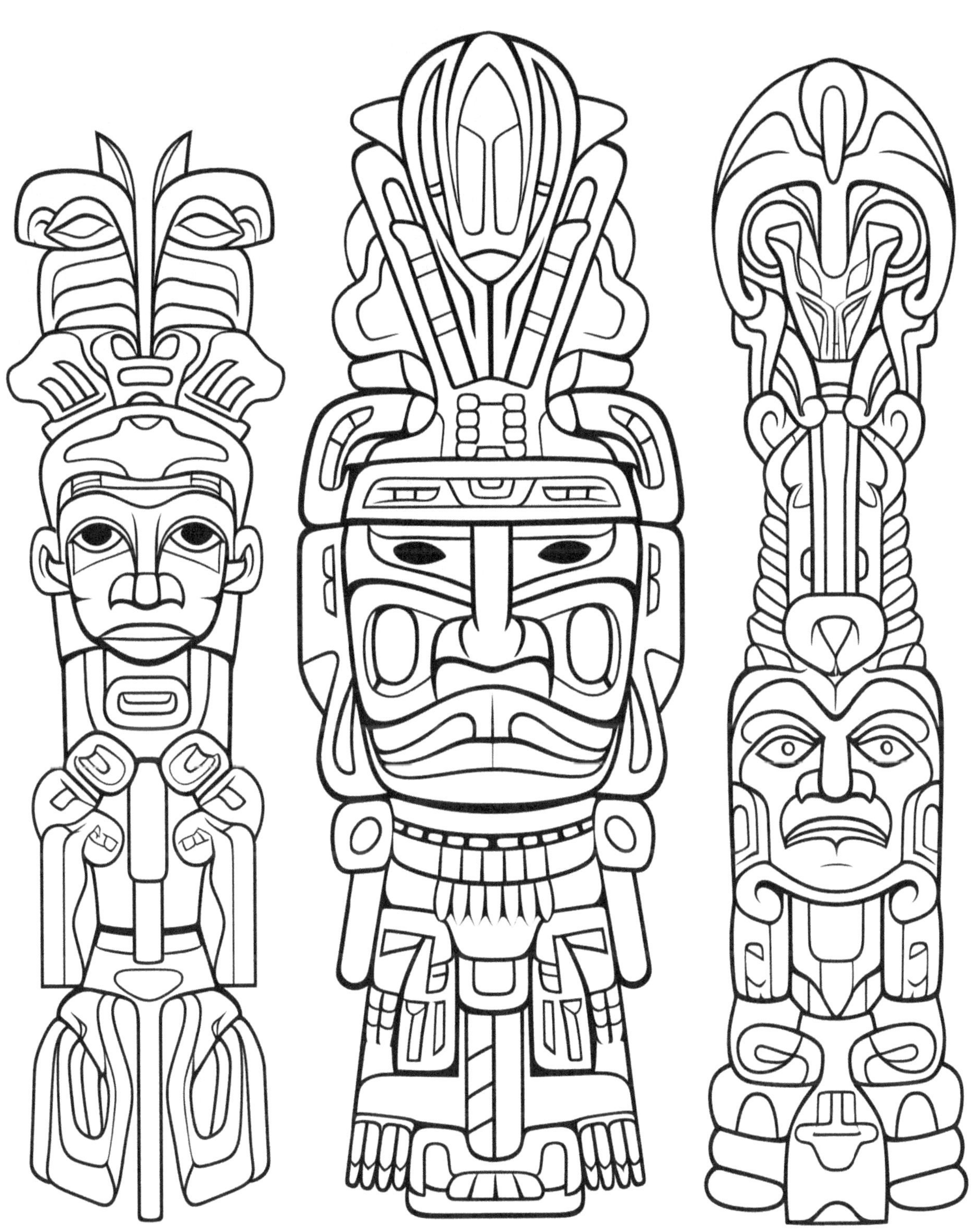

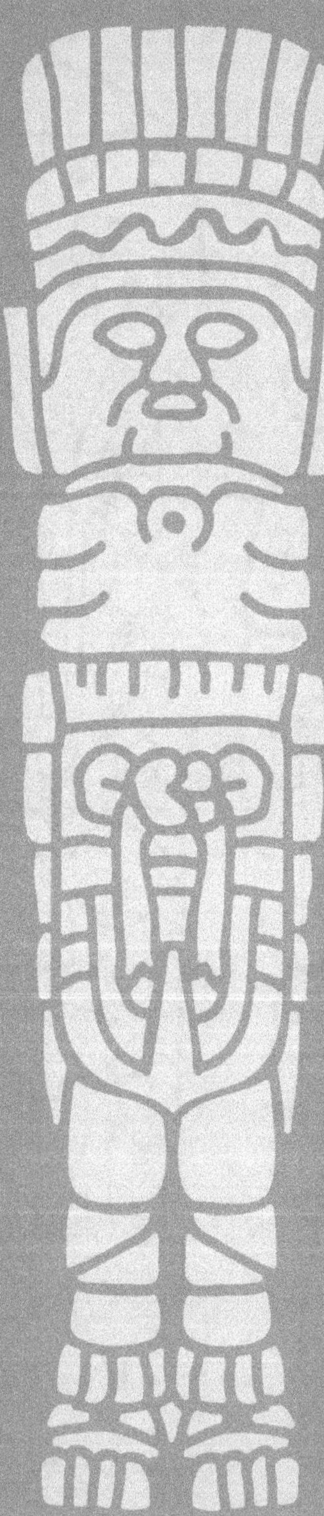
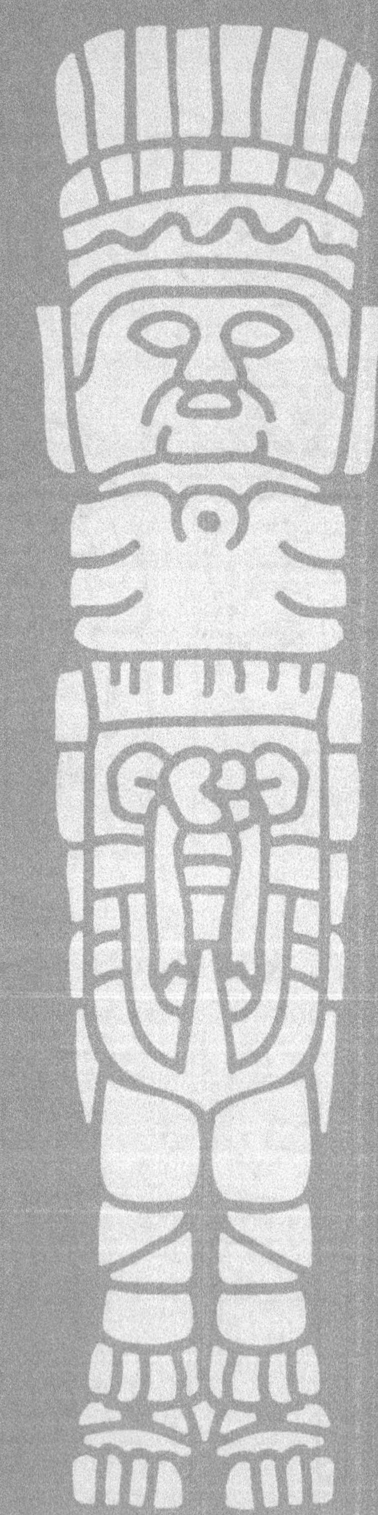
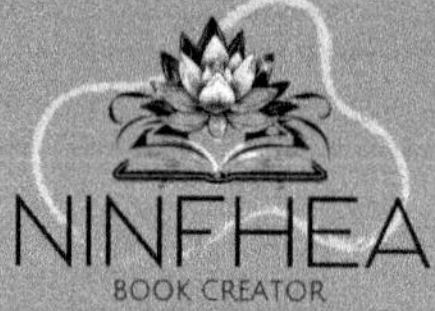

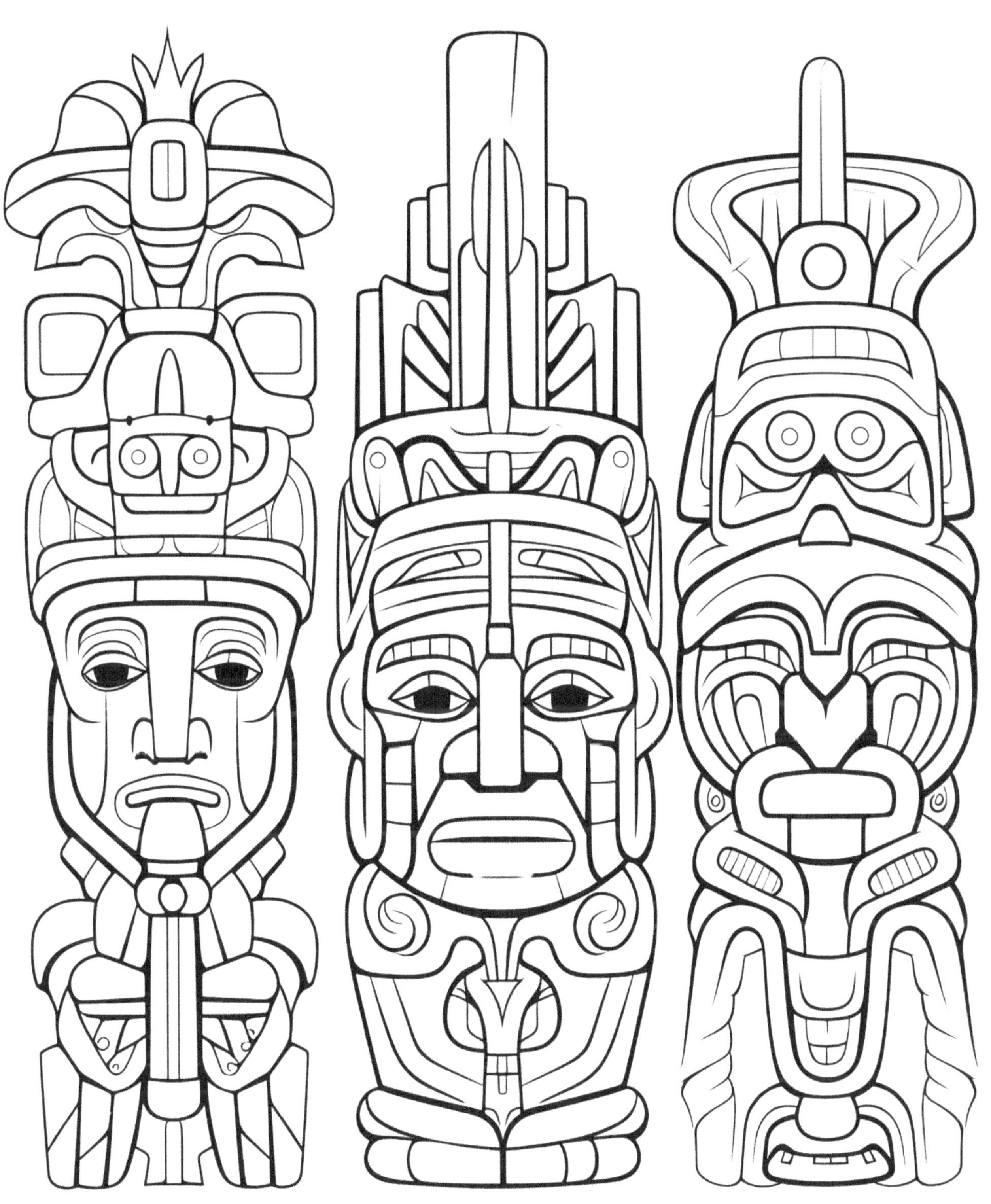

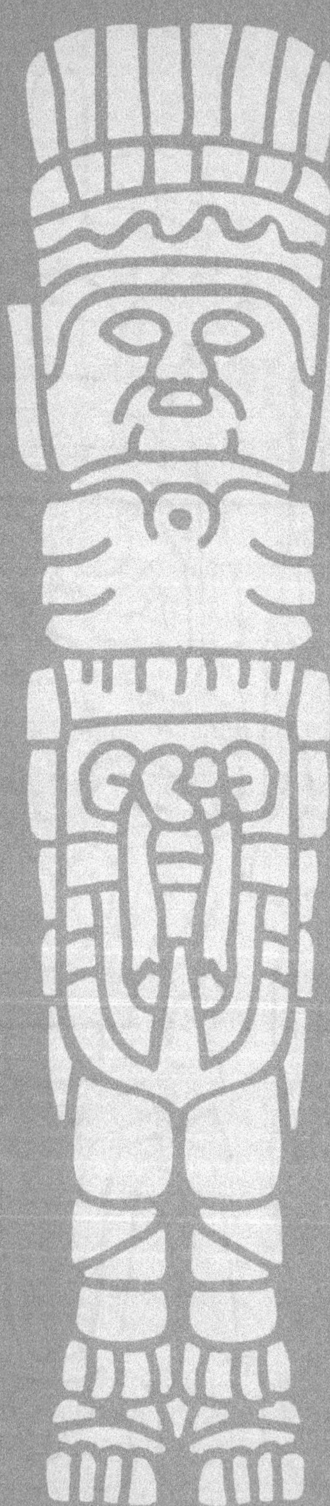
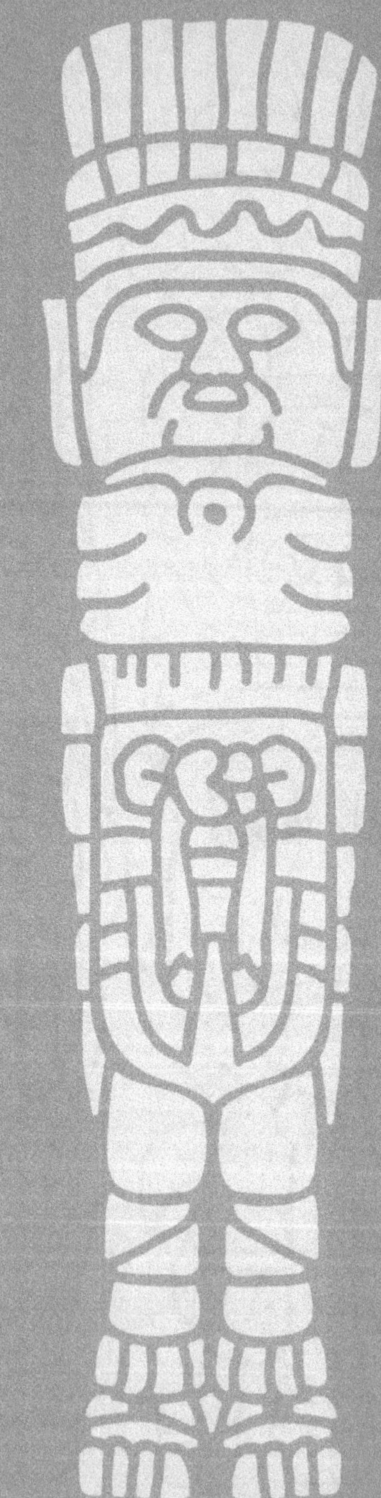
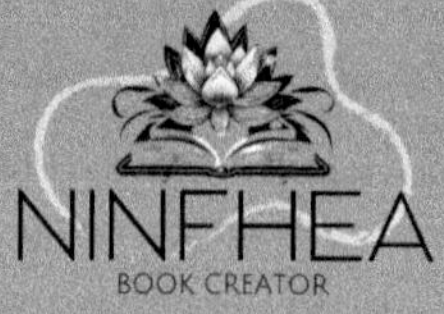

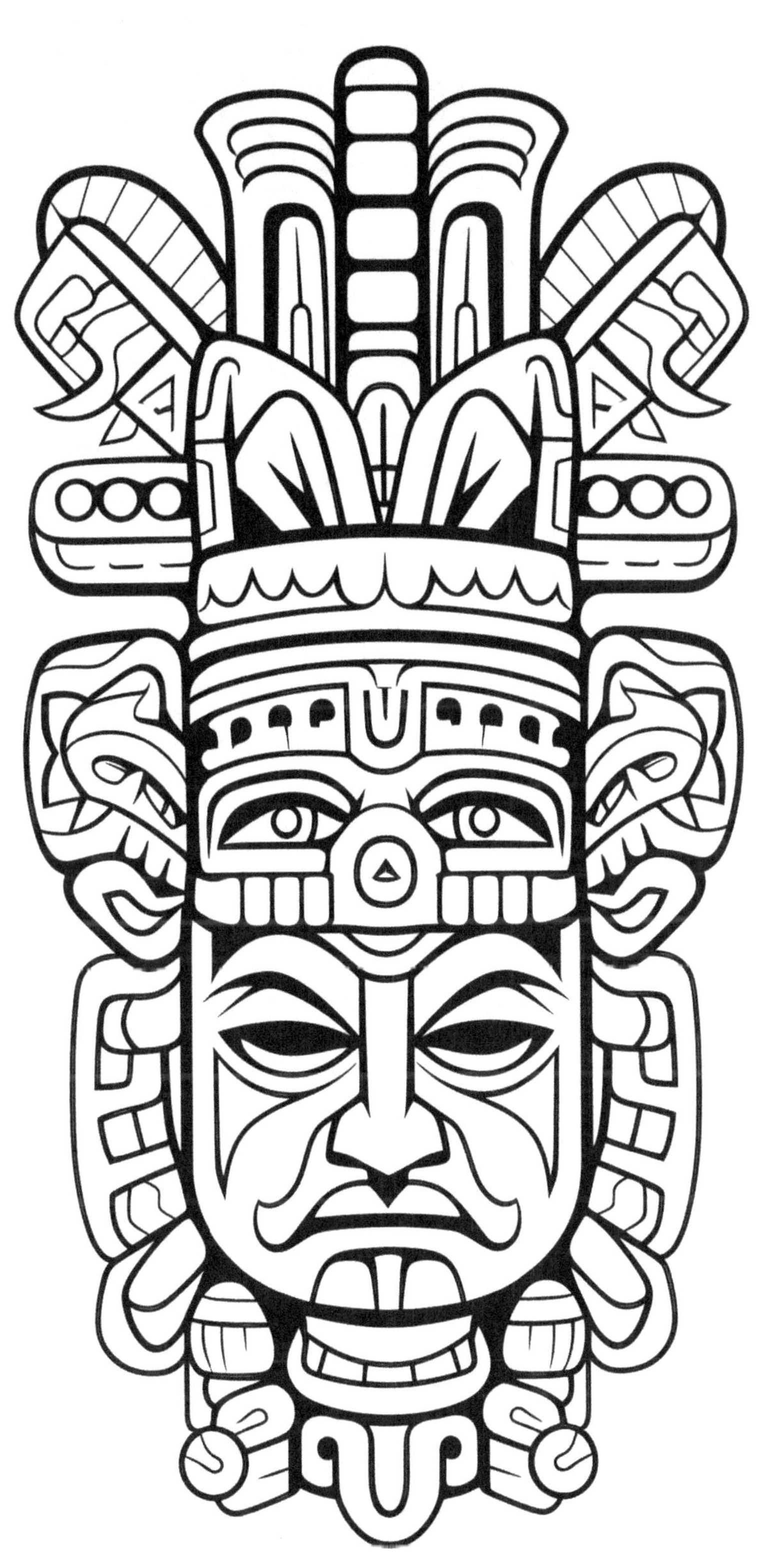

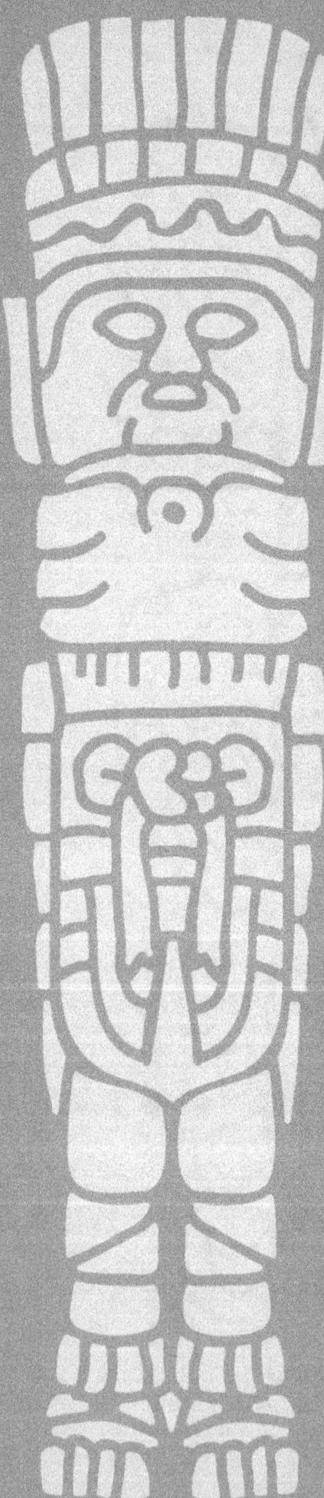
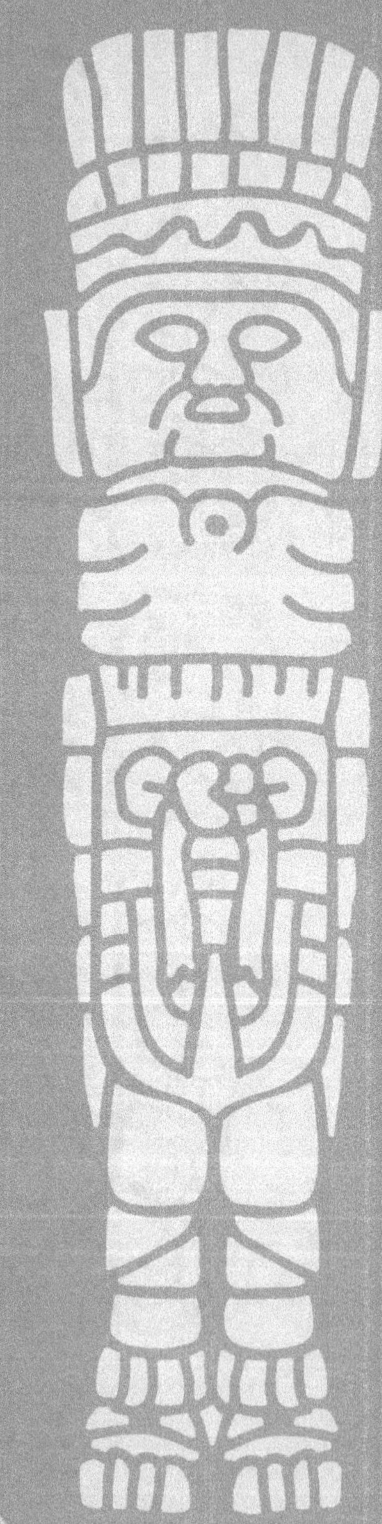
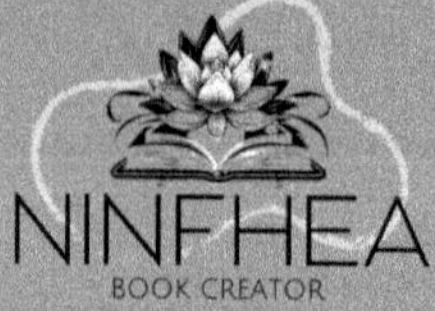
NINFHEA
BOOK CREATOR

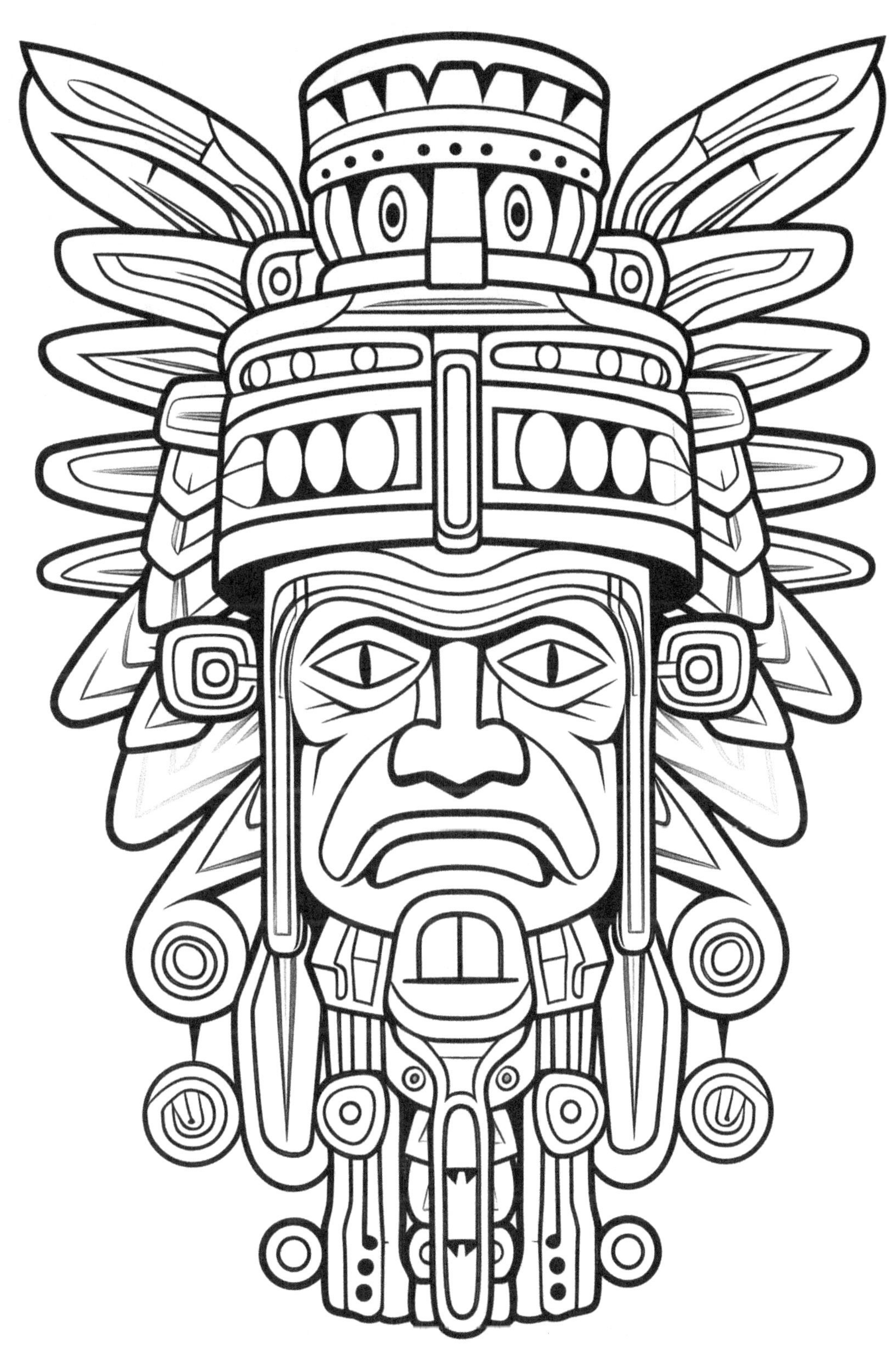

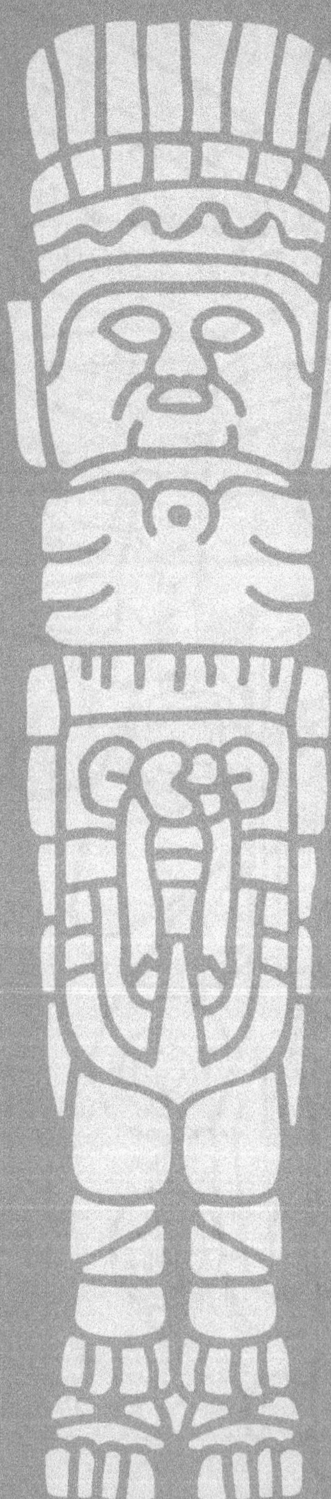
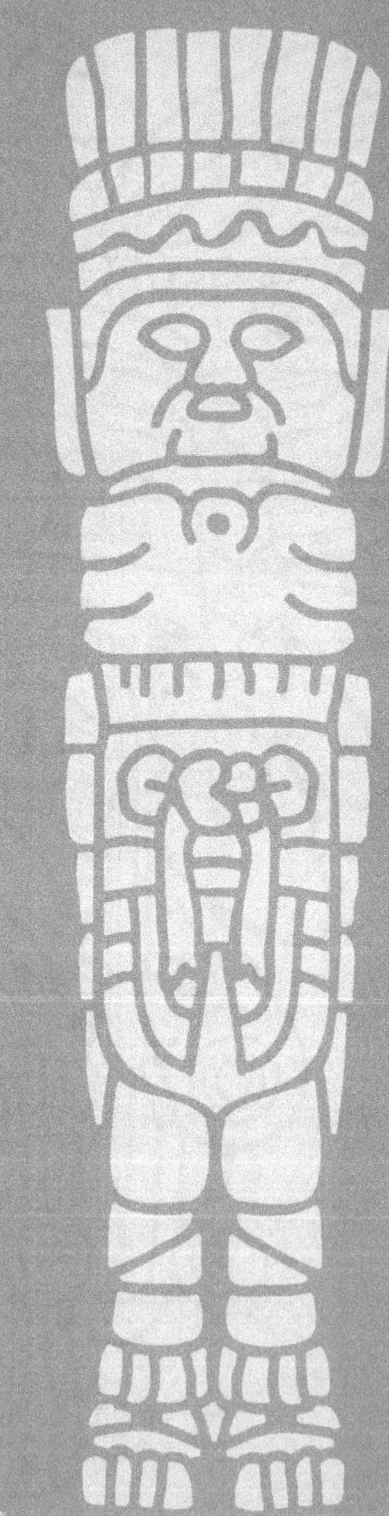
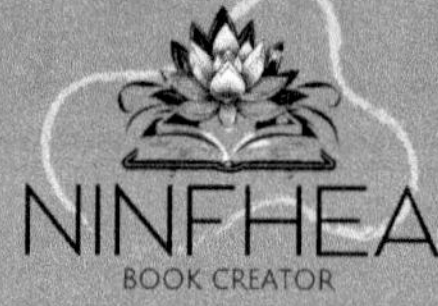

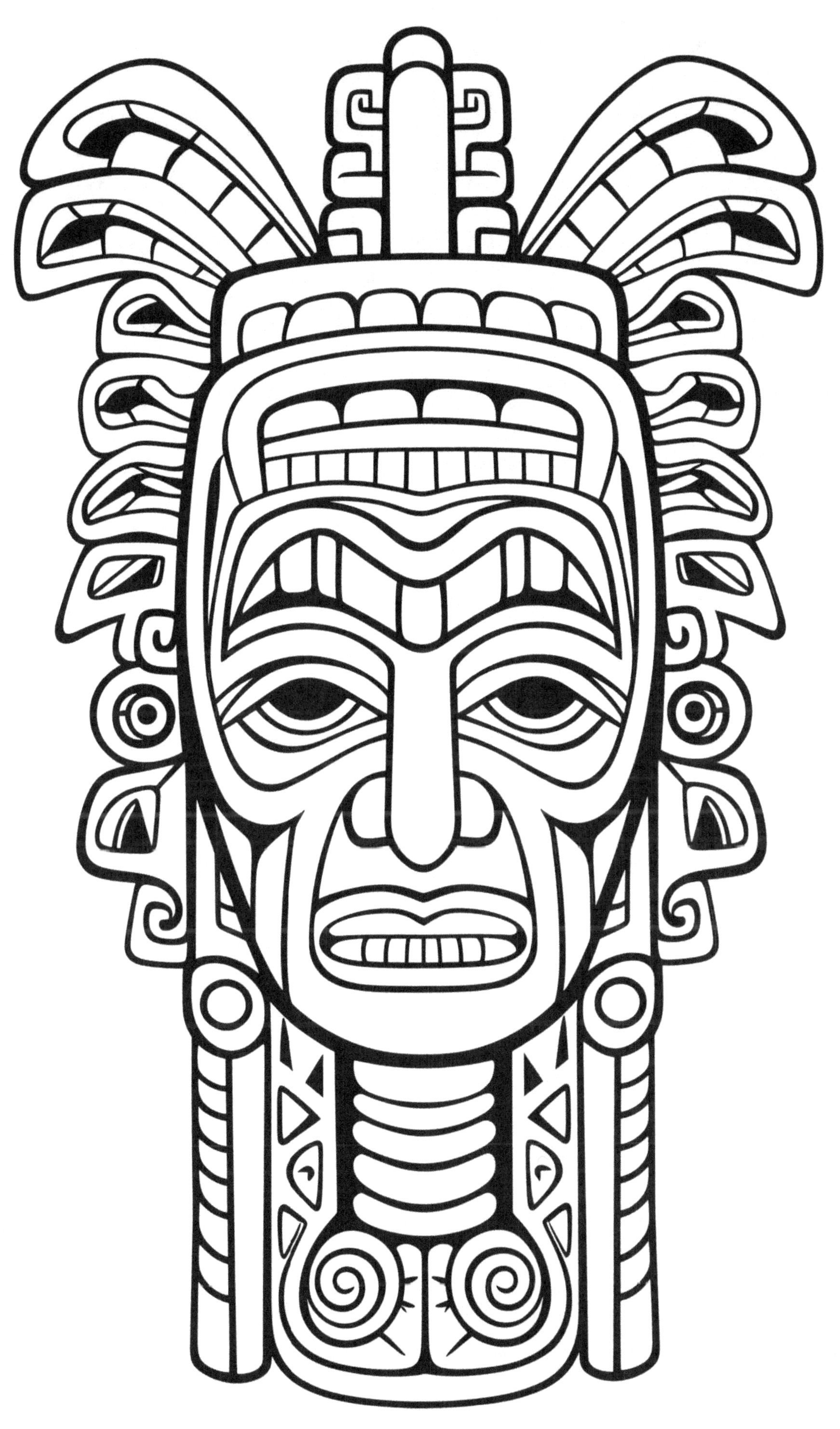

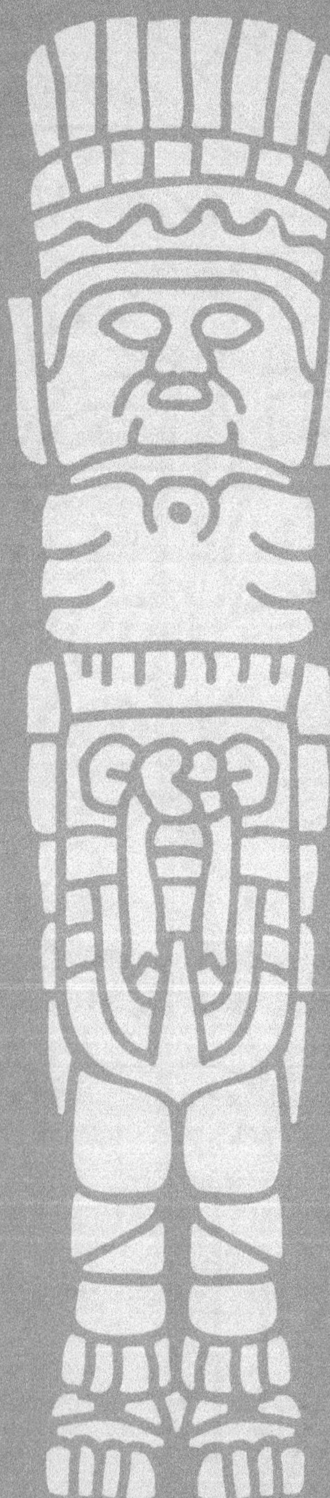
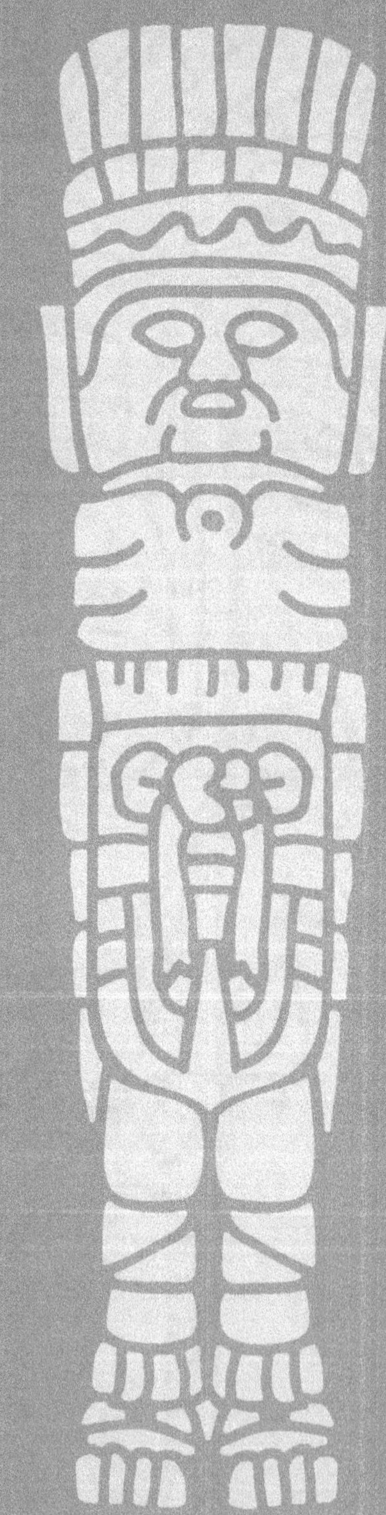
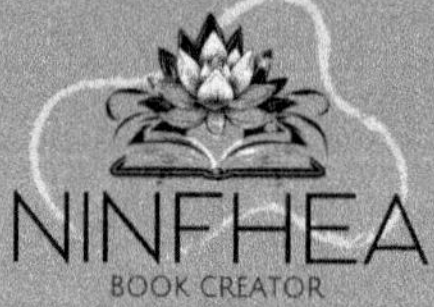

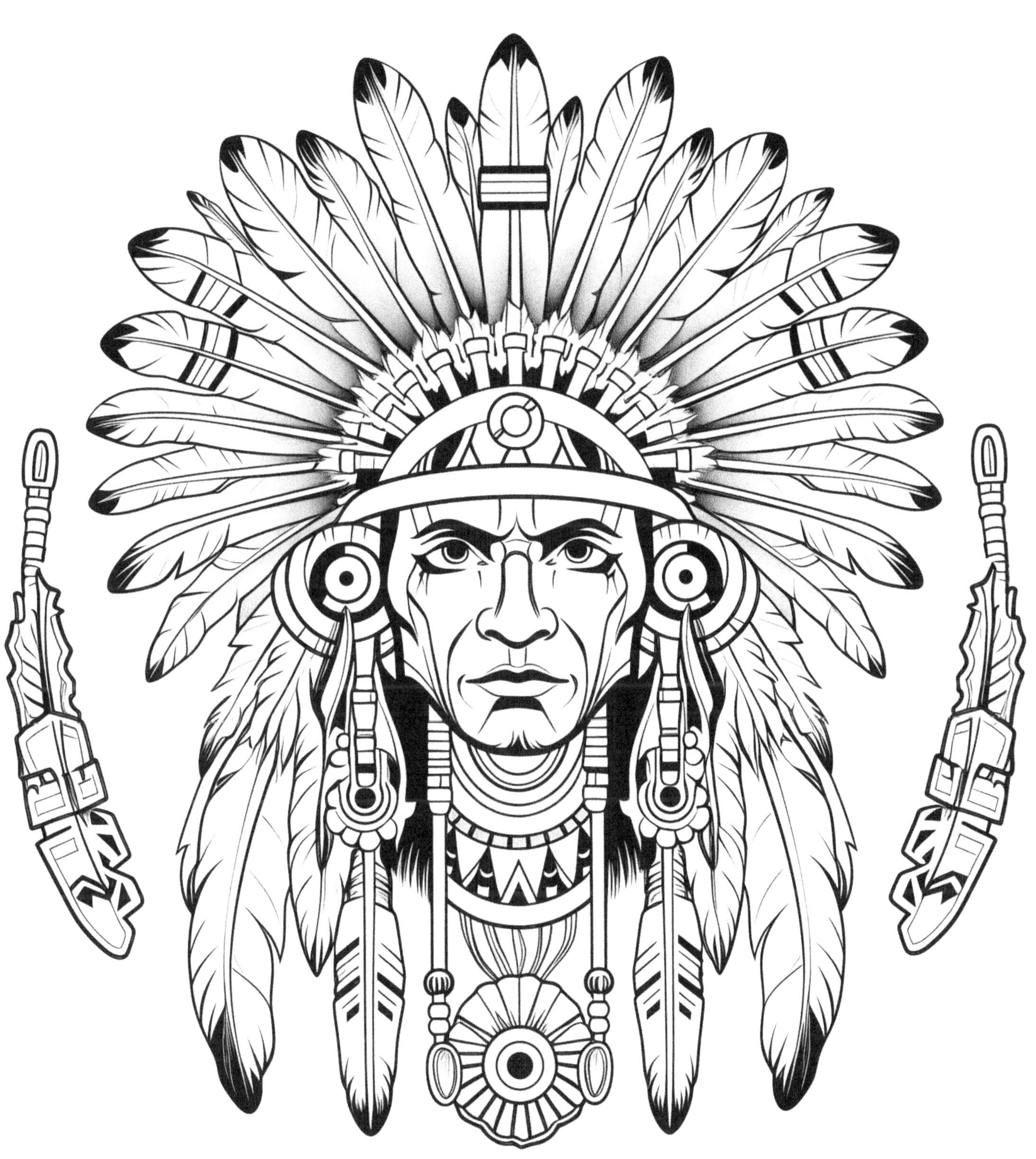

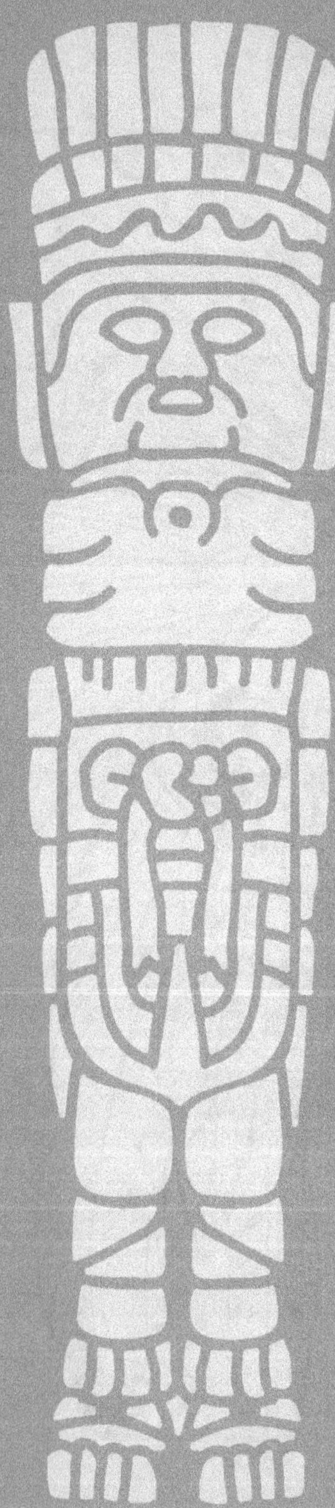
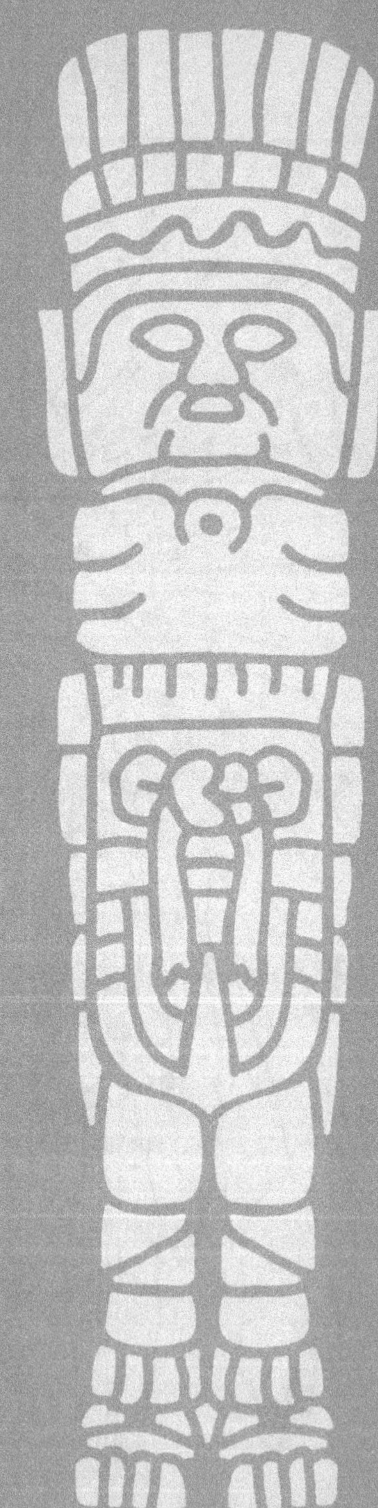
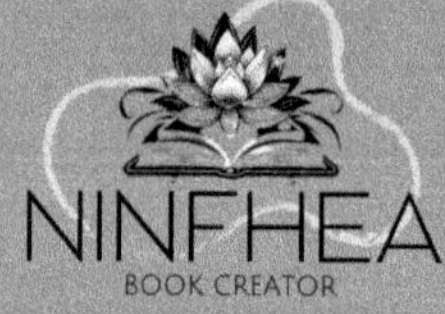
NINFHEA
BOOK CREATOR

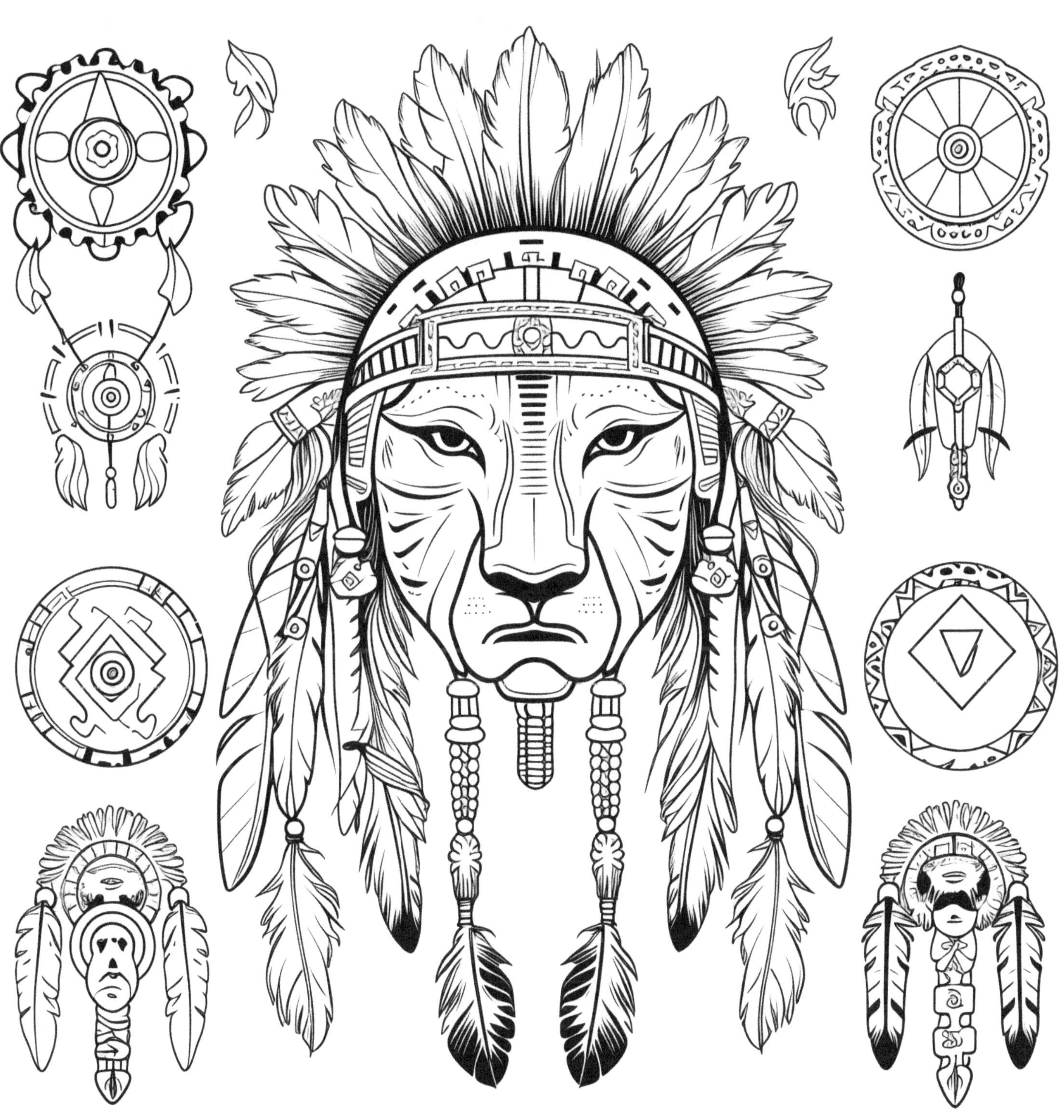

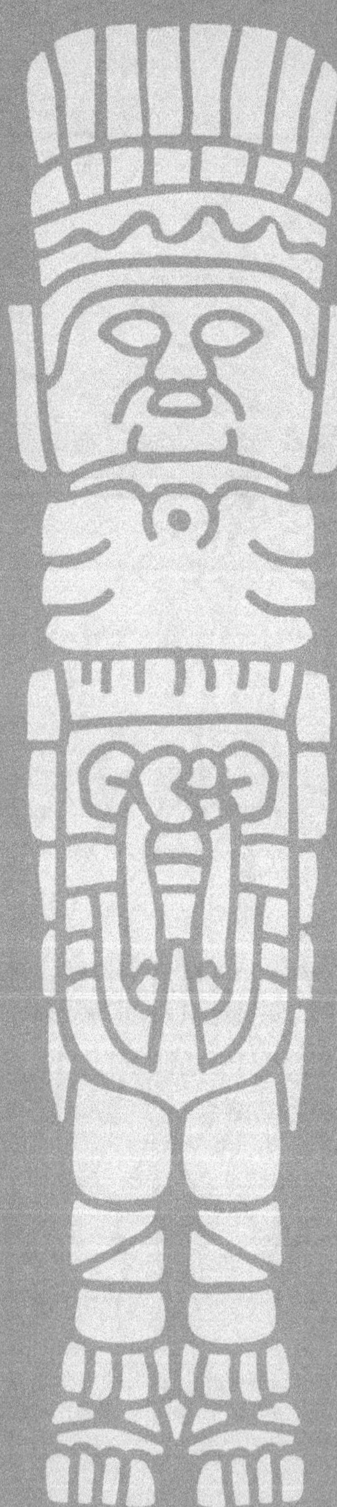
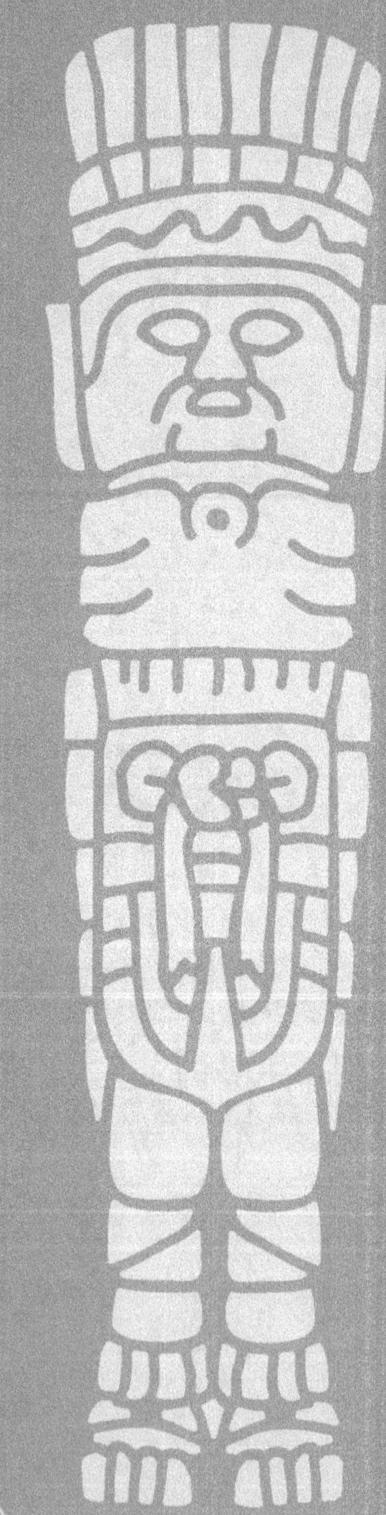
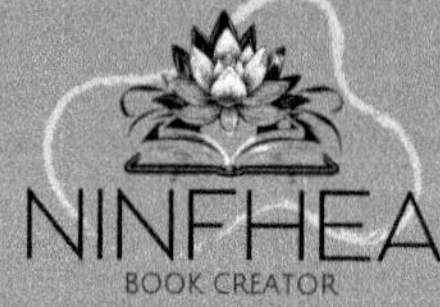
NINFHEA
BOOK CREATOR

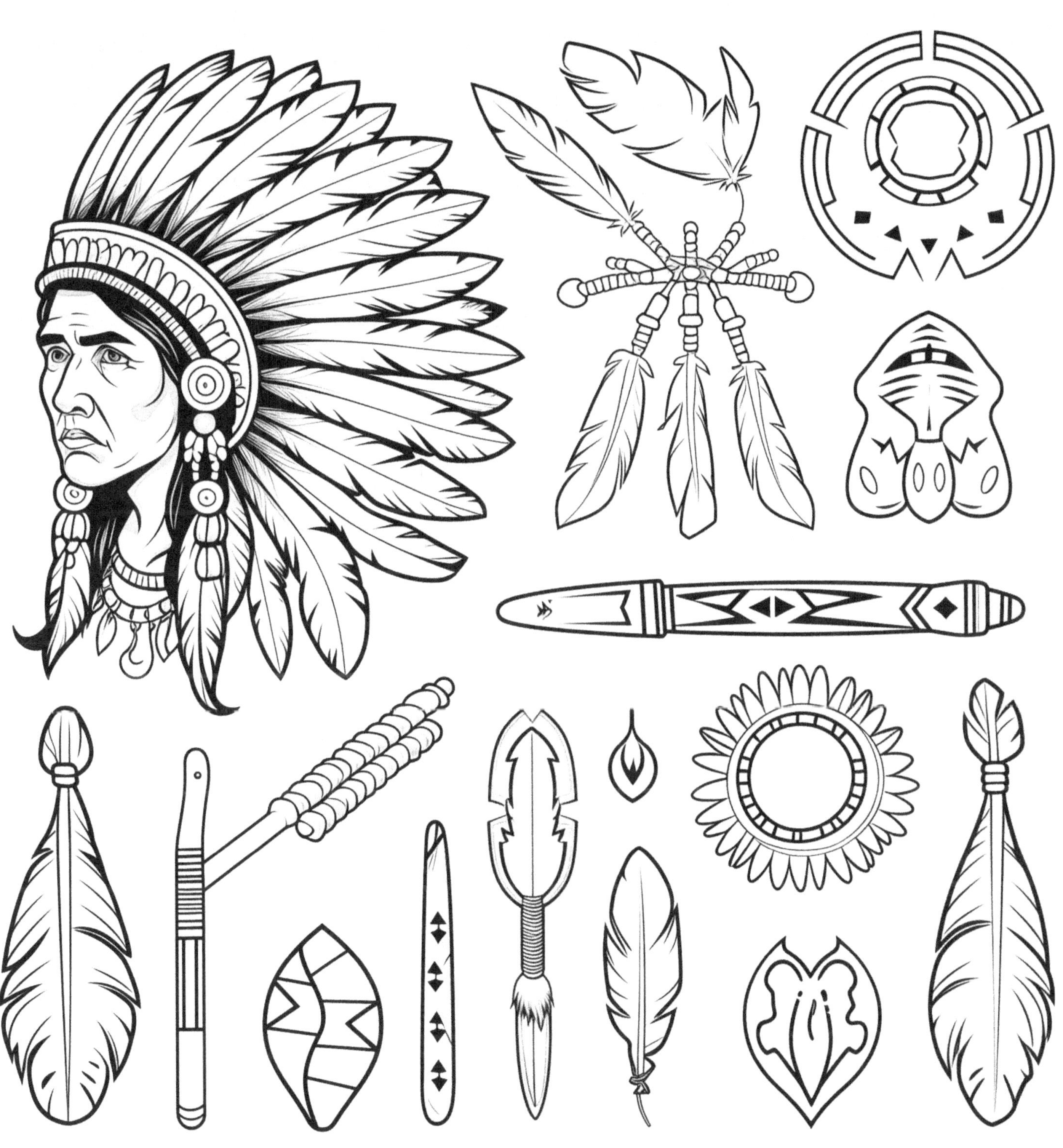

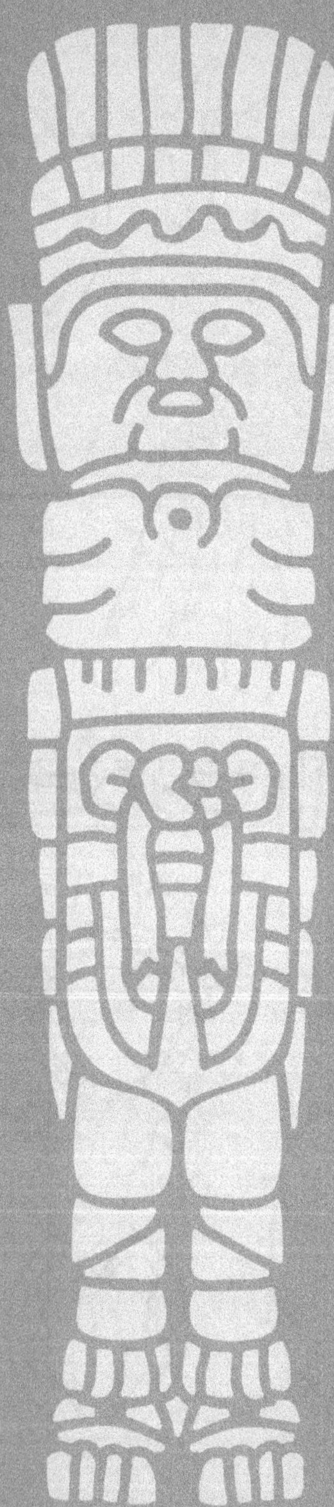
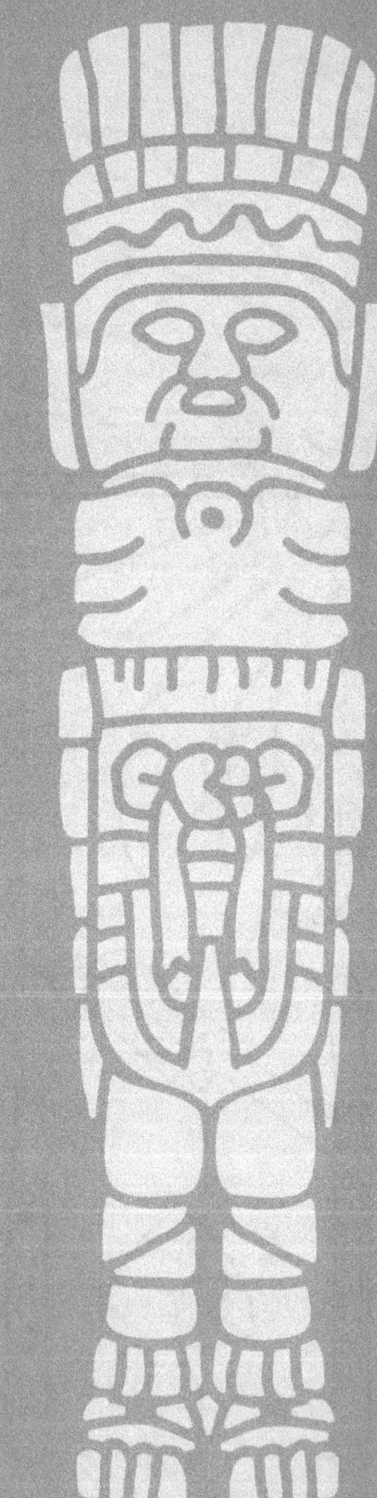
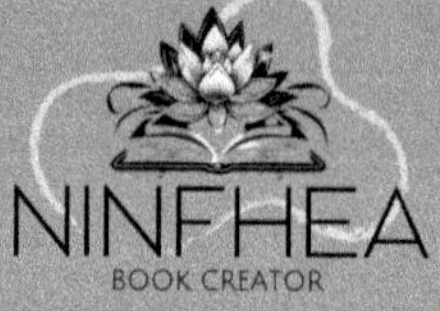

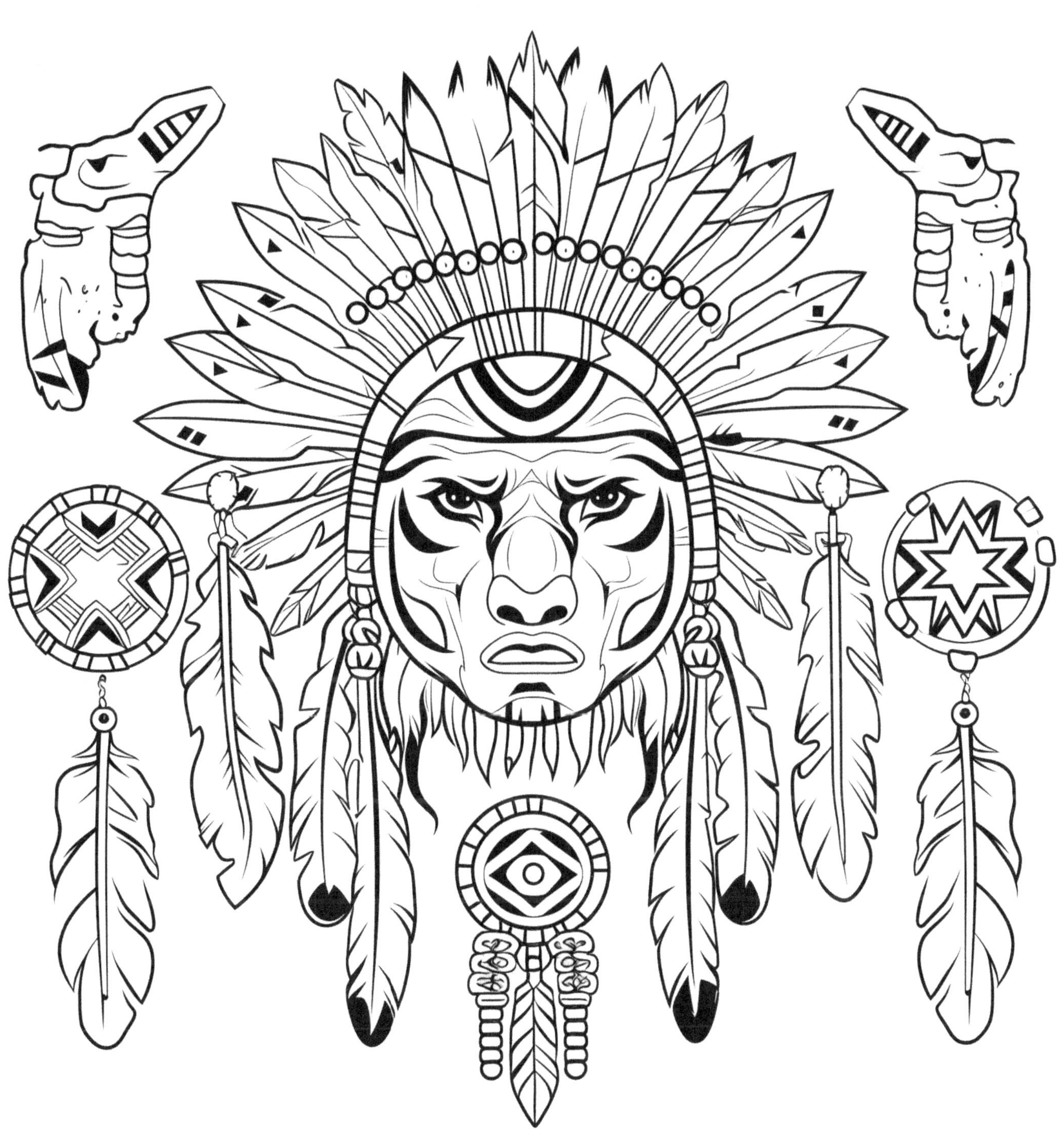

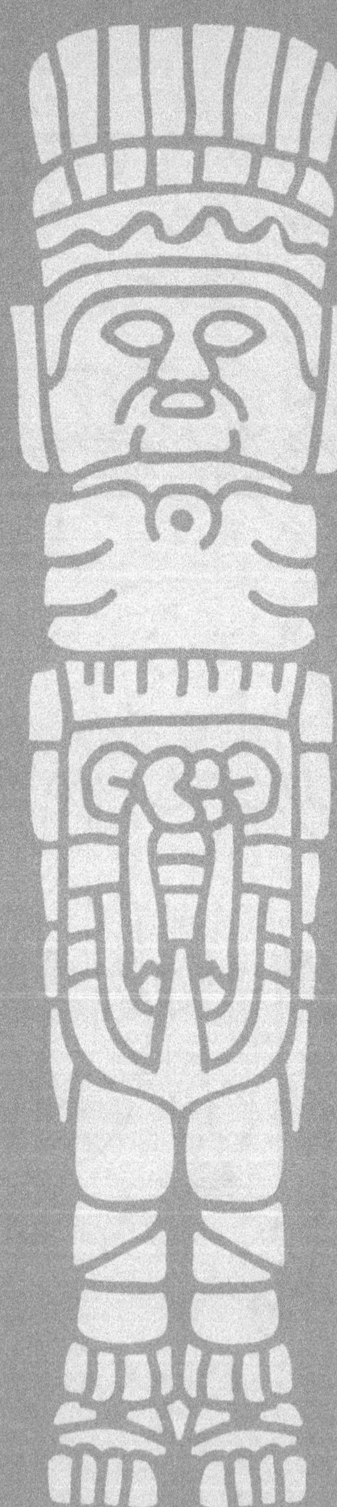
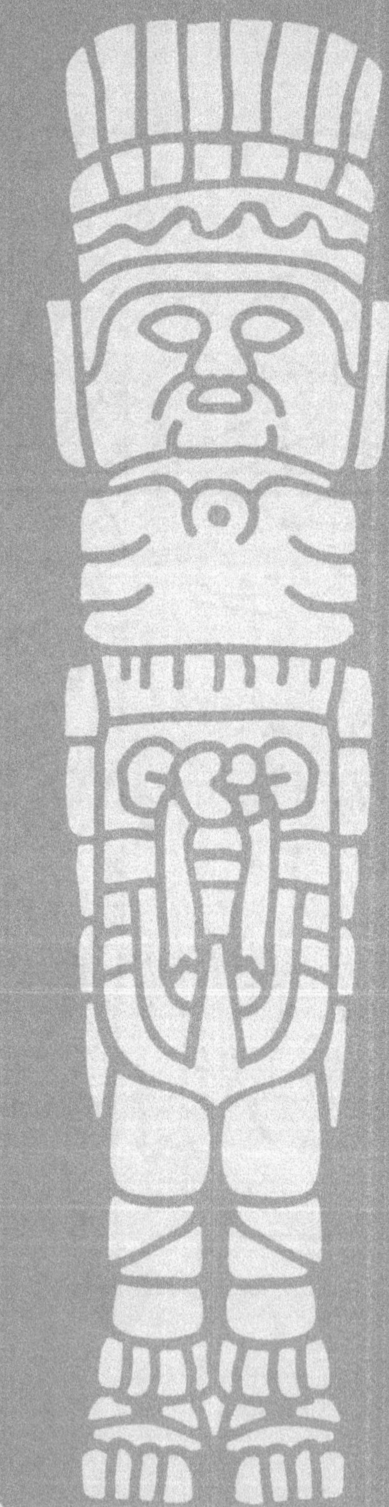
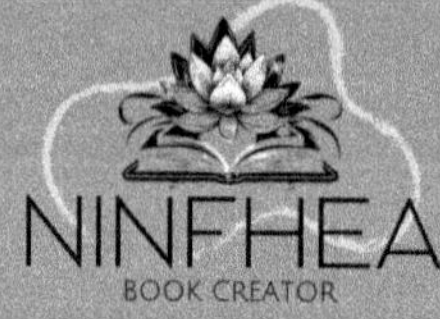
NINFHEA
BOOK CREATOR

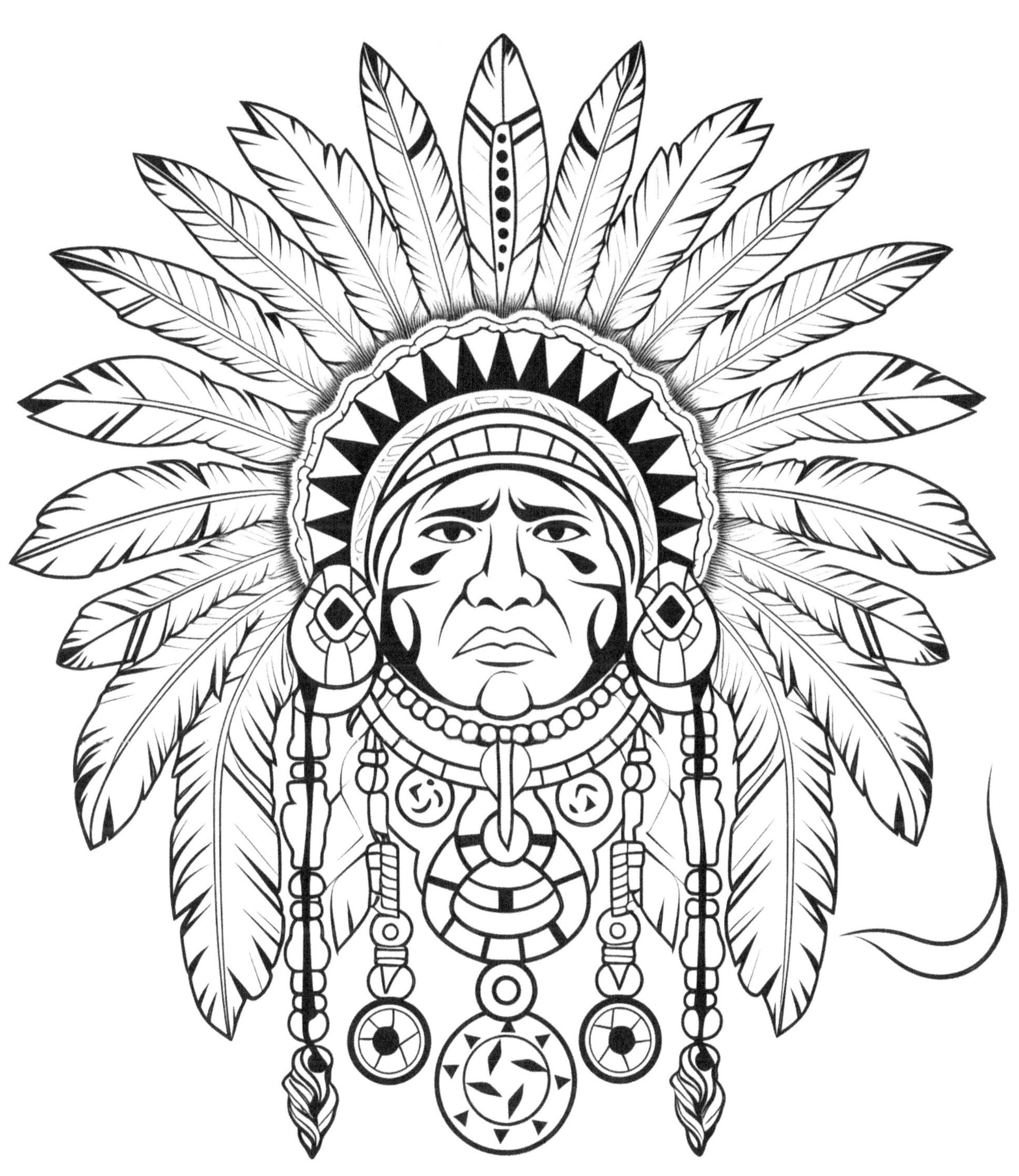

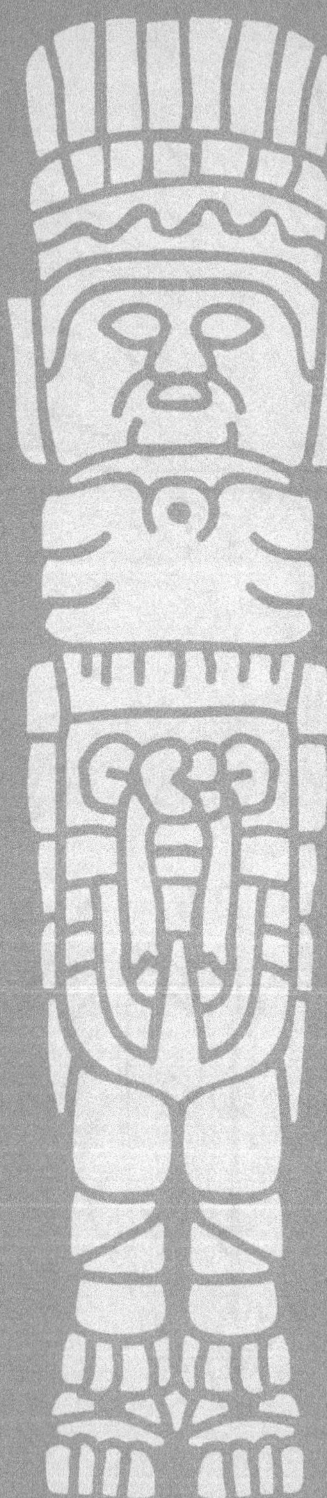
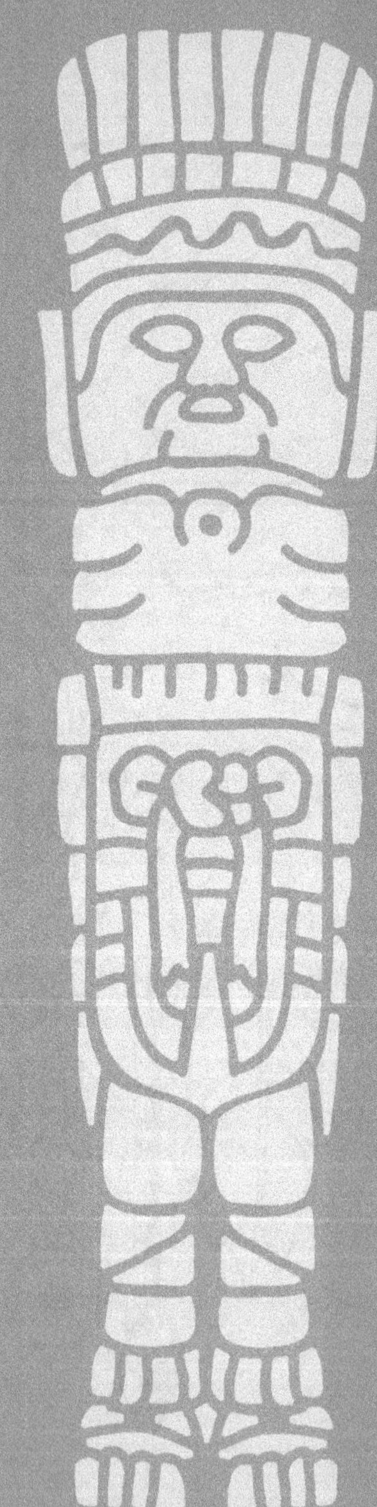
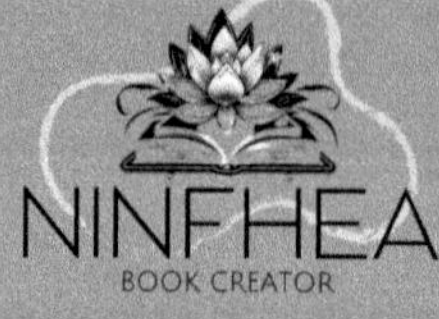

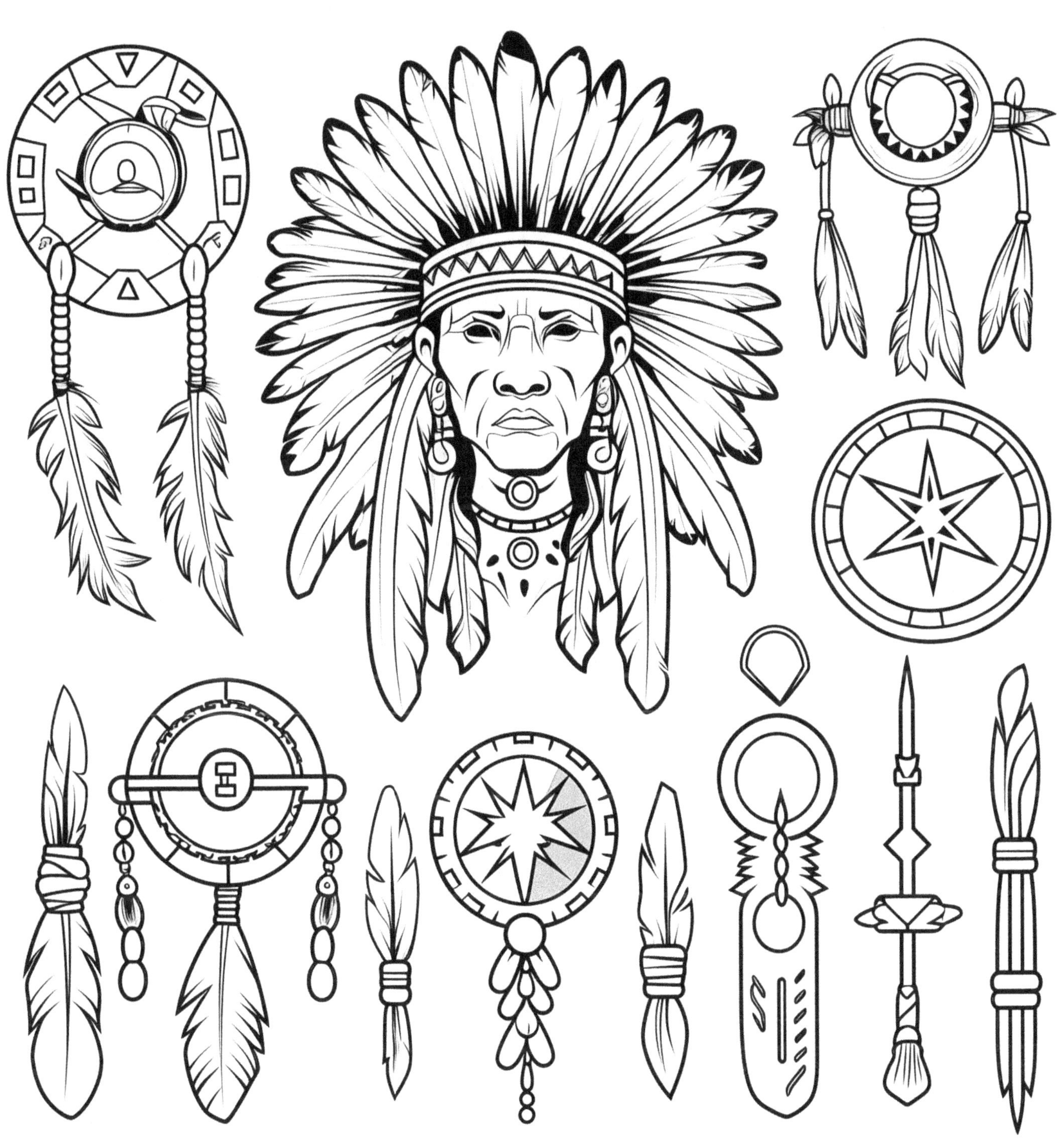

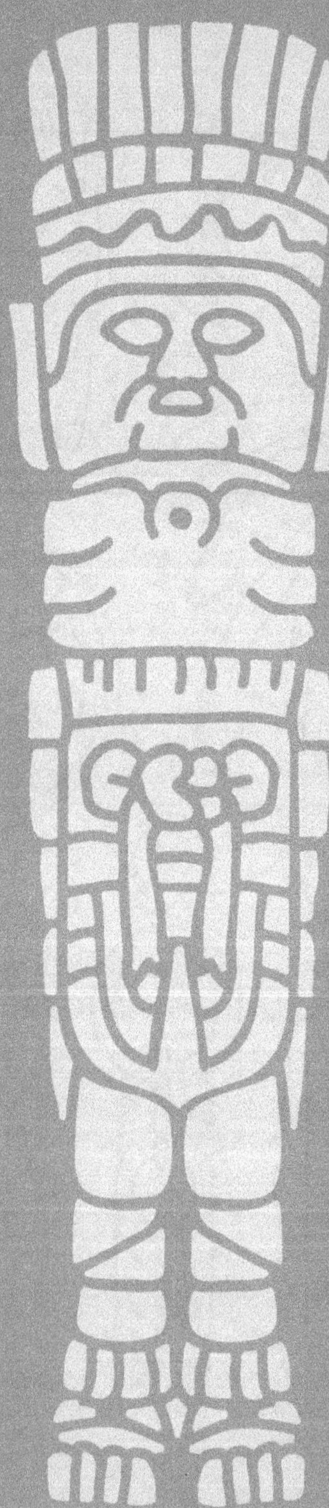
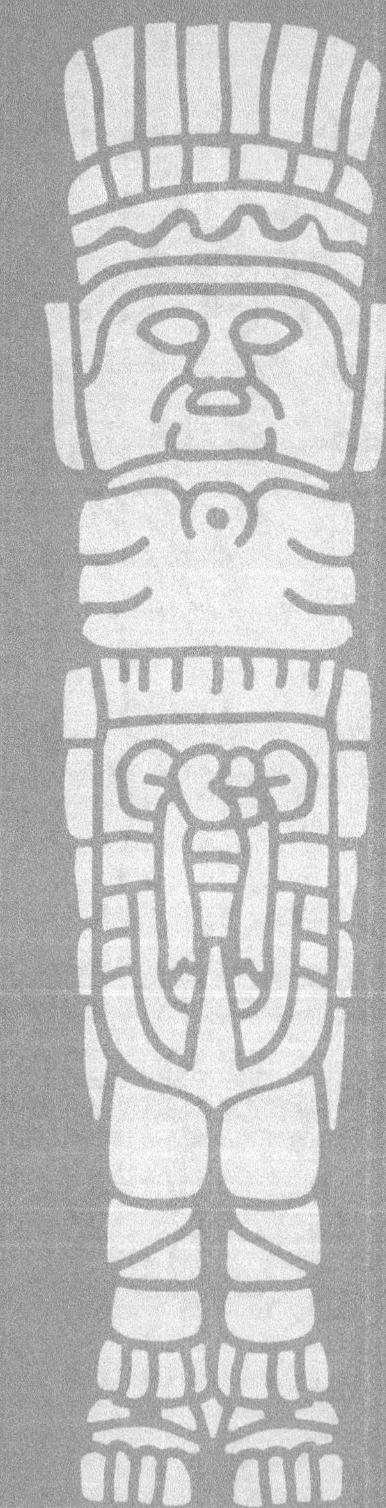
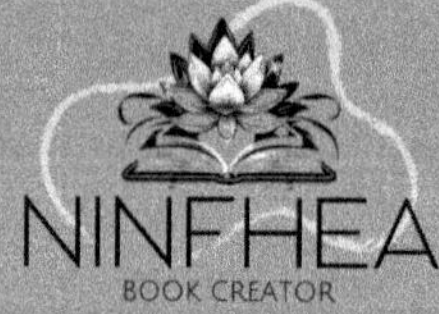
NINFHEA
BOOK CREATOR

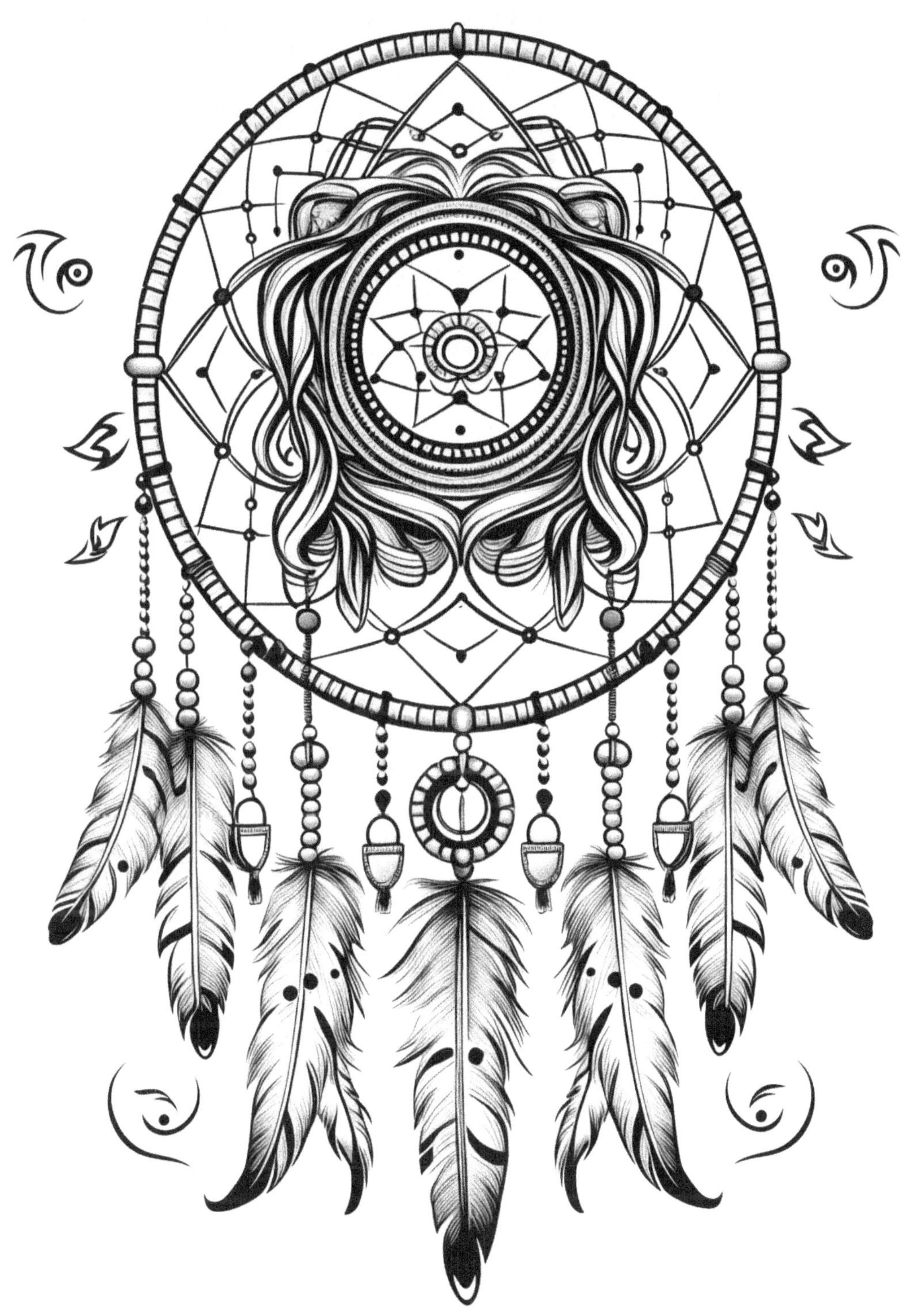

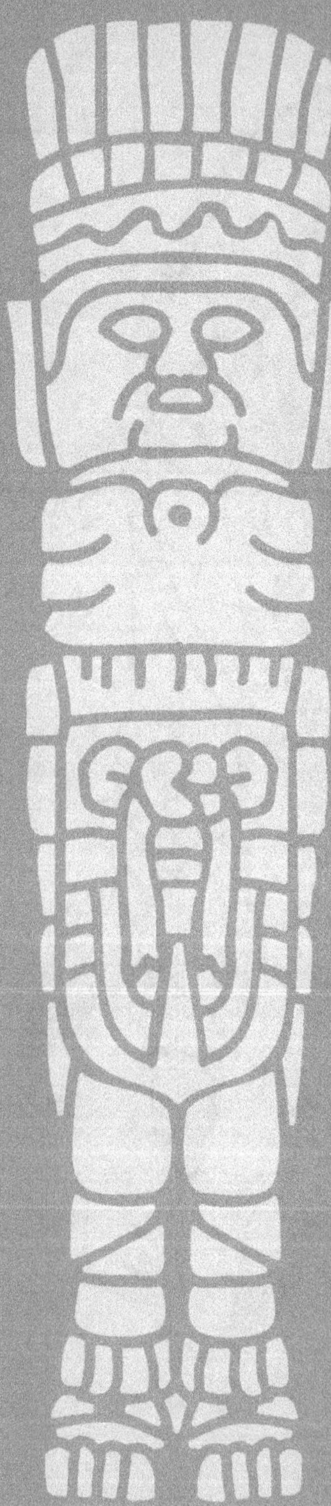
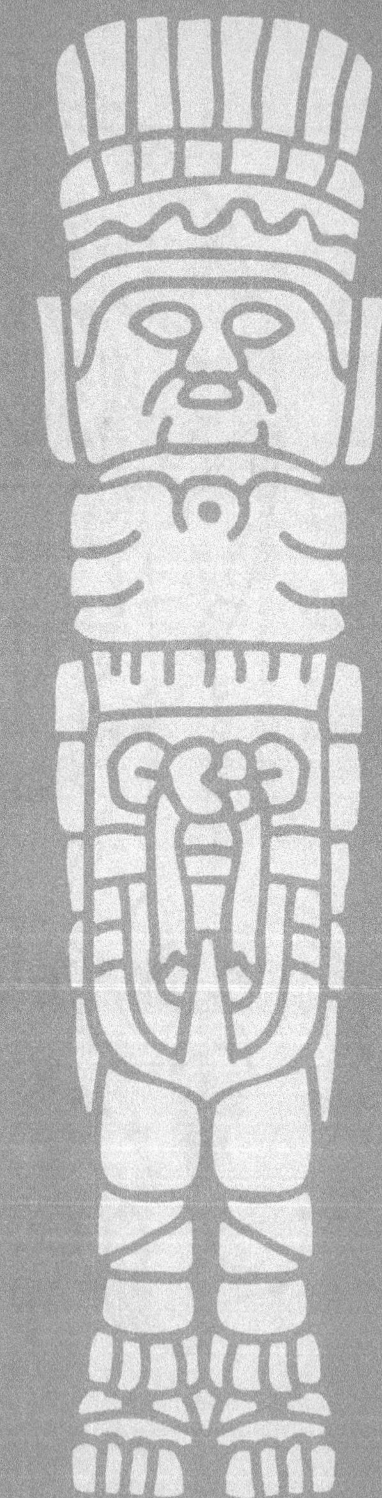
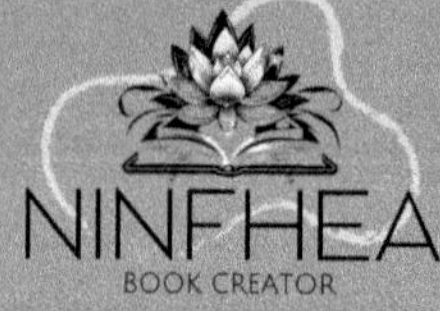
NINFHEA
BOOK CREATOR

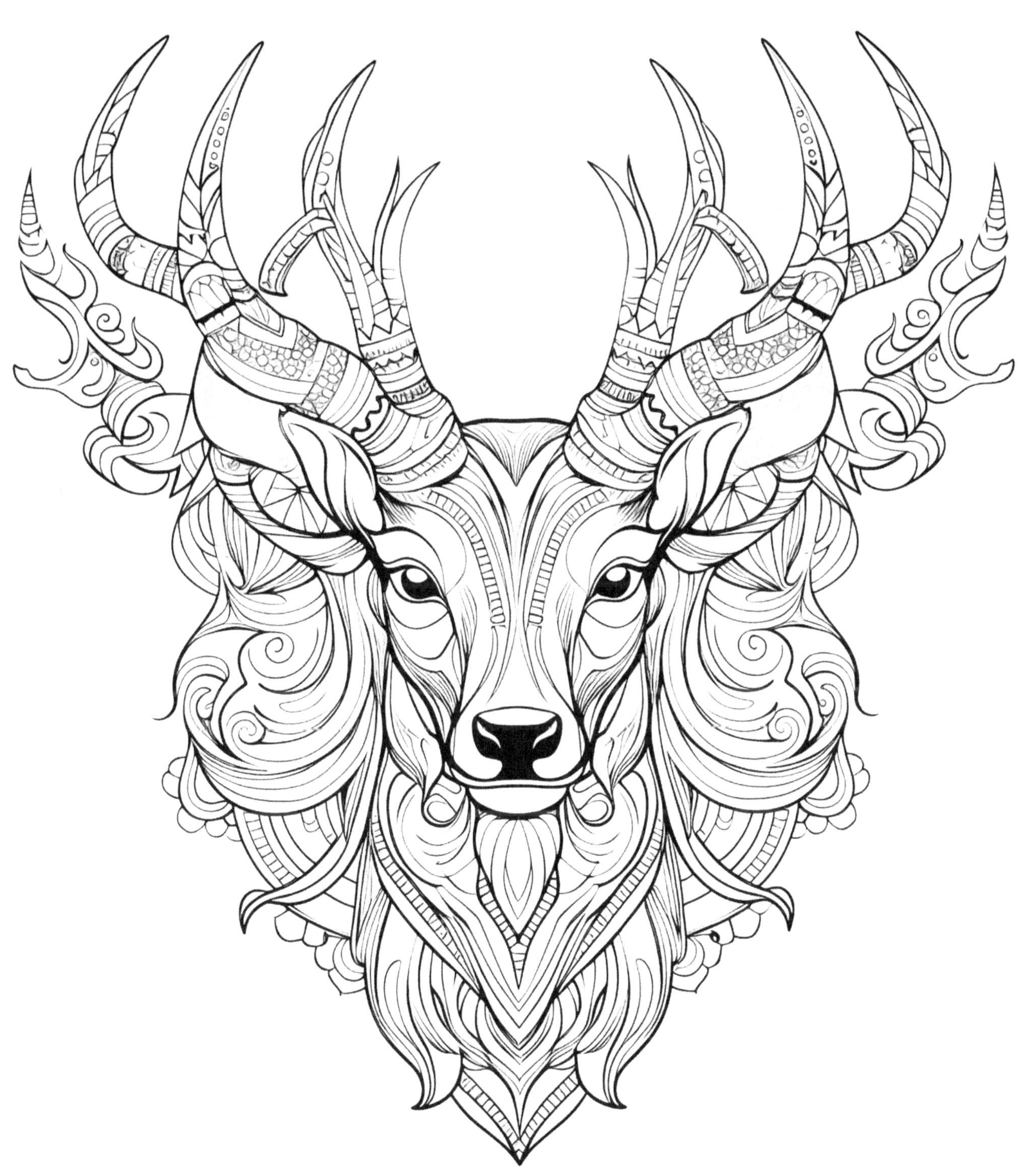

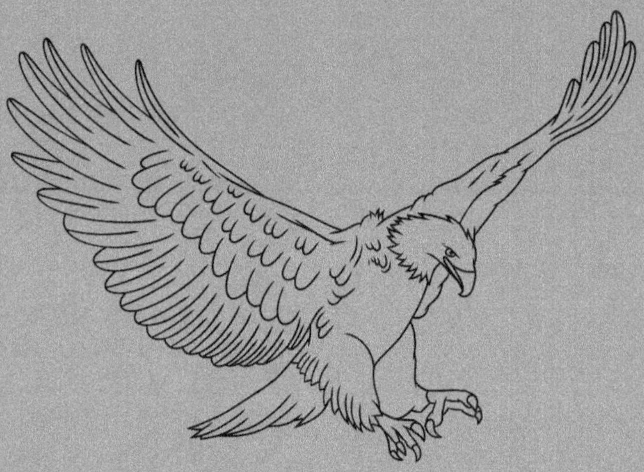

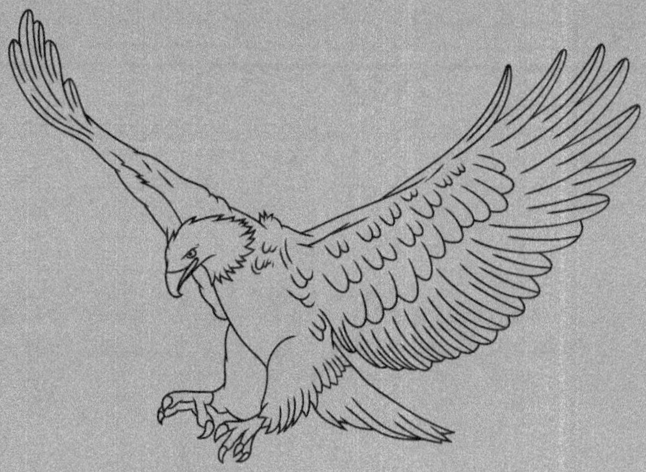

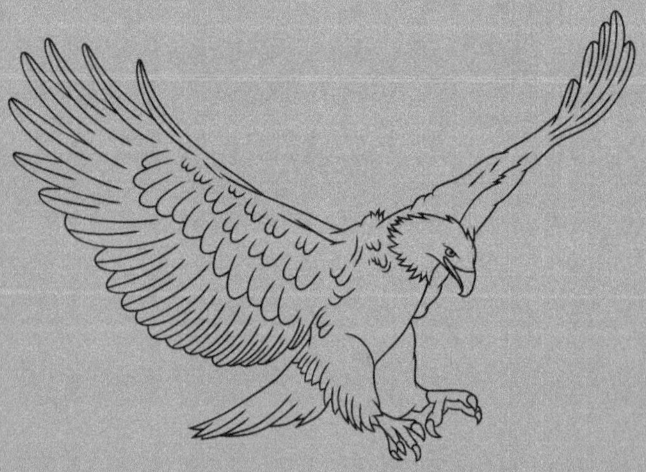

NINFHEA
BOOK CREATOR

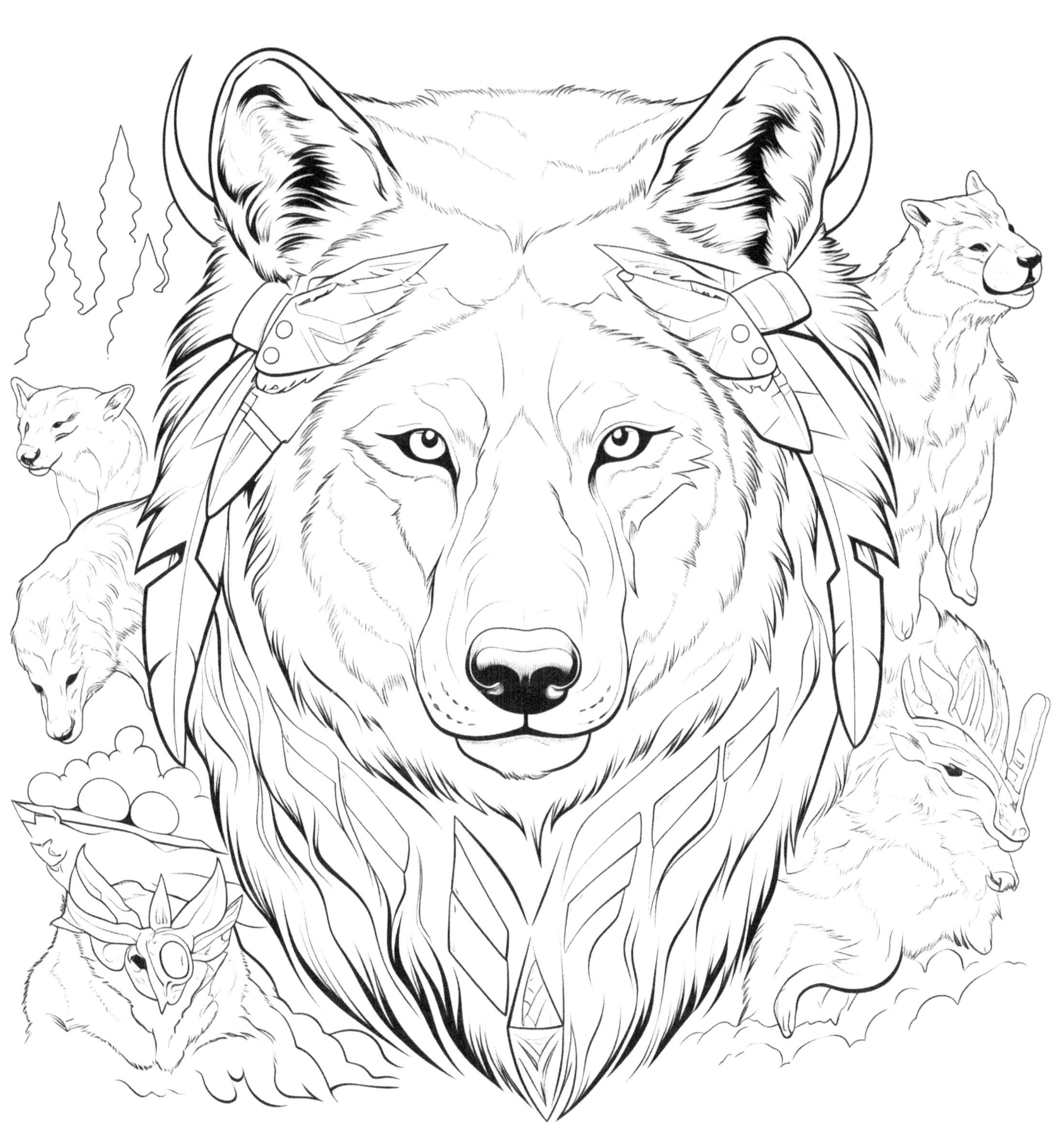

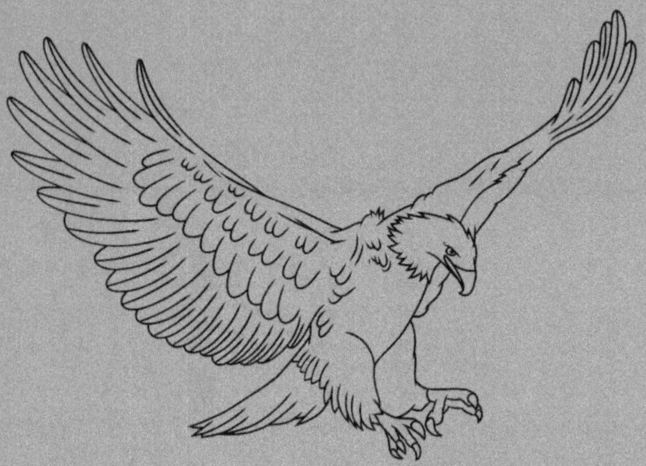

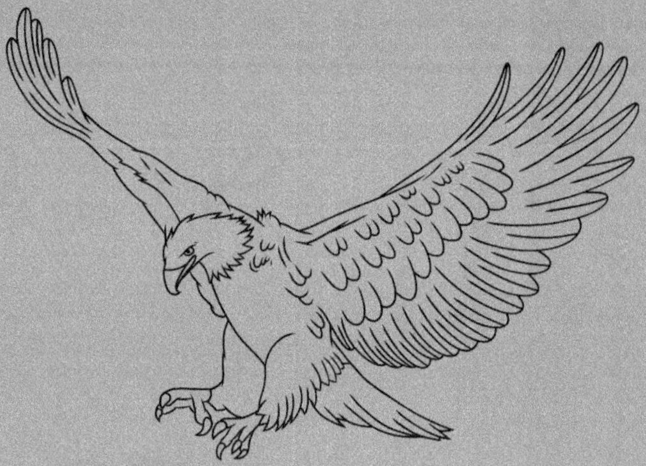

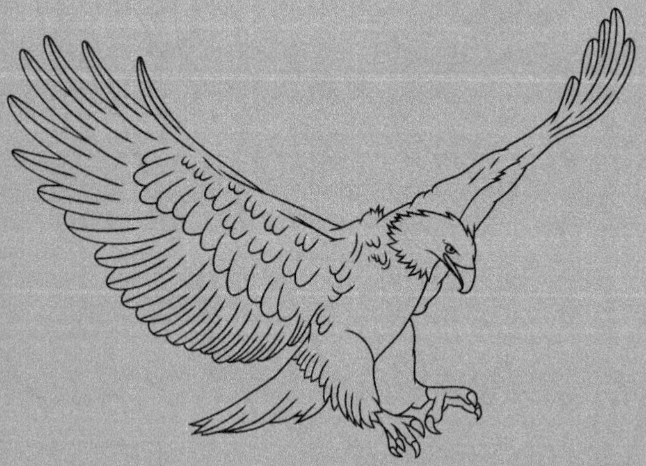

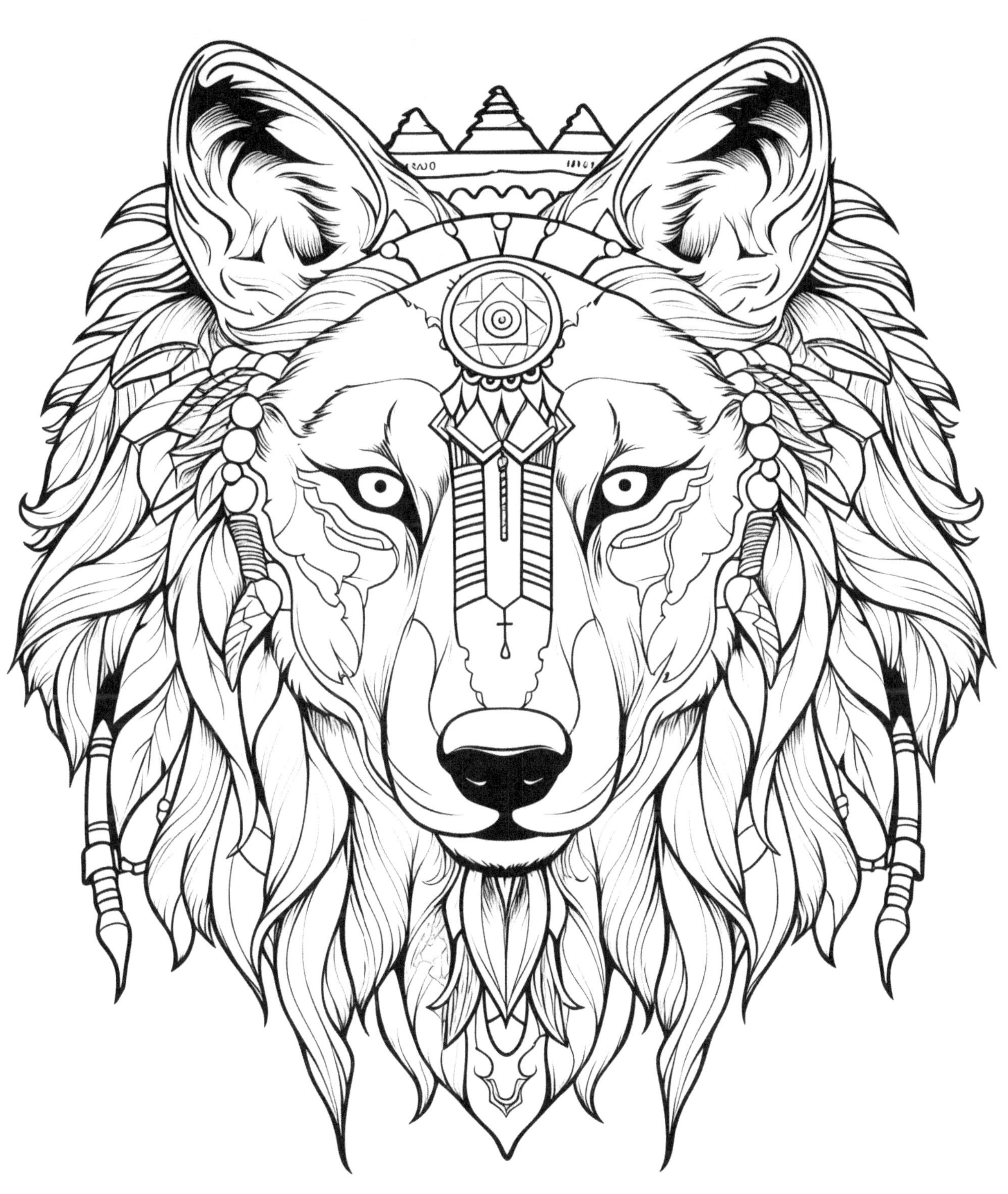

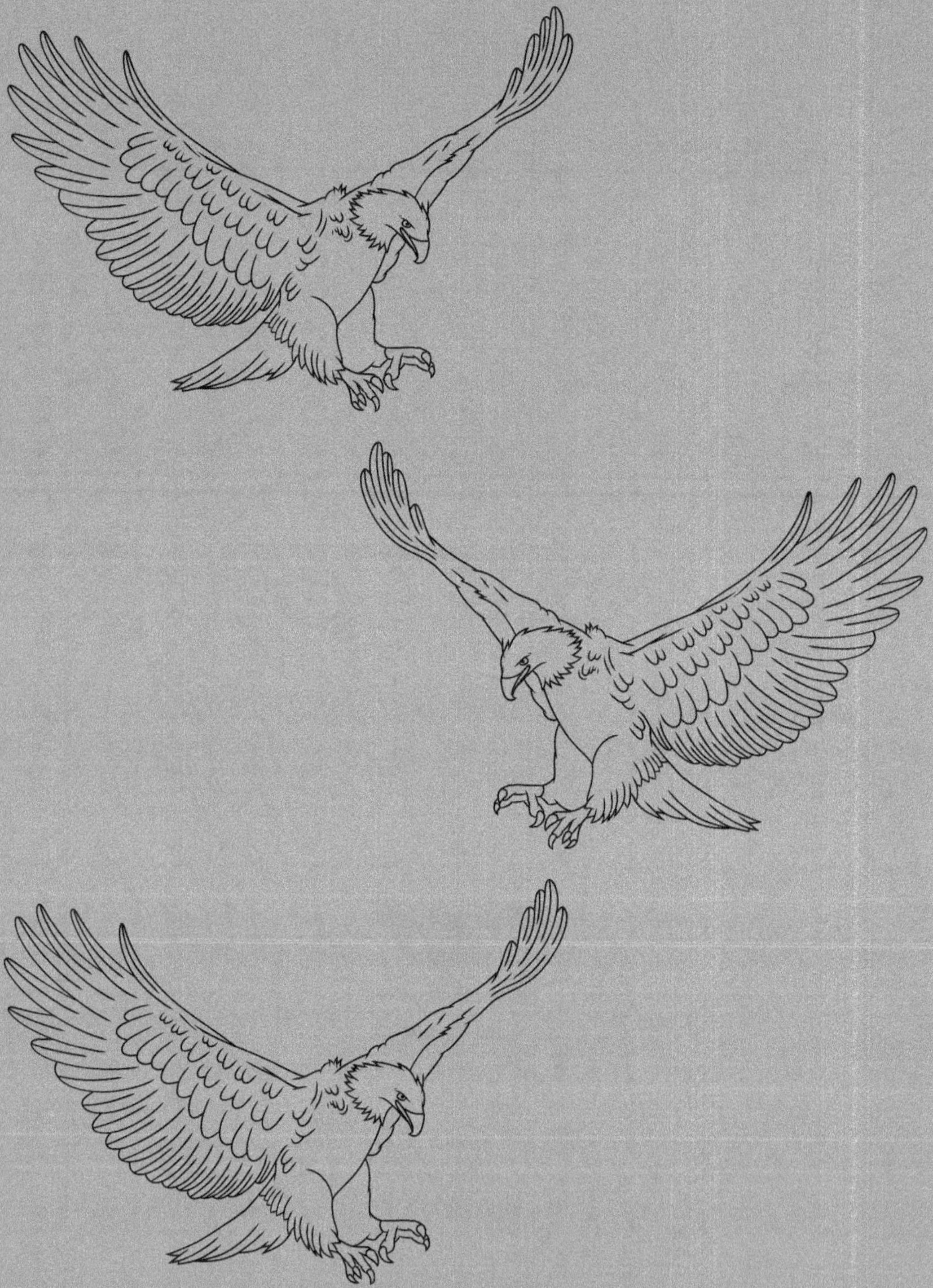

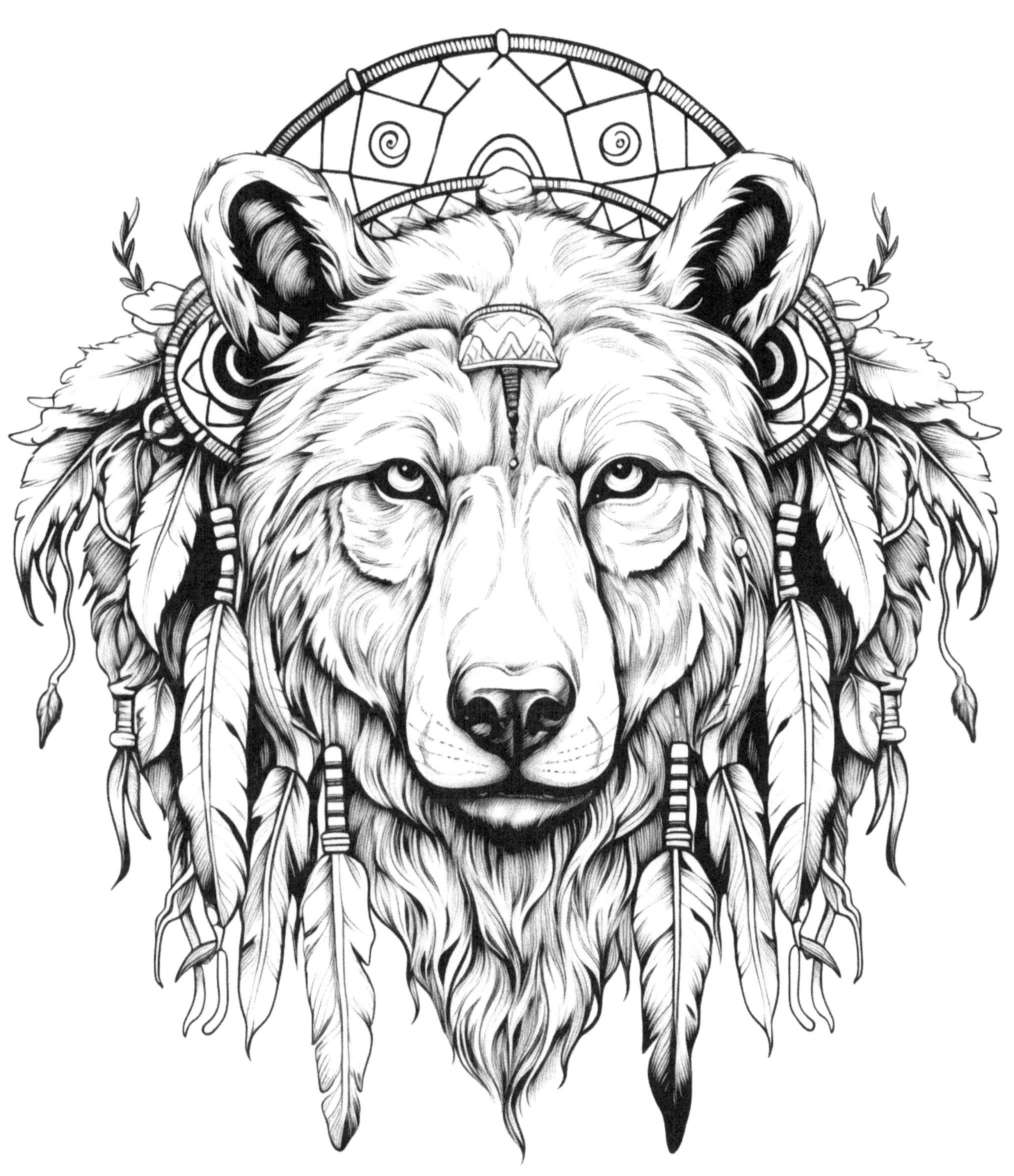

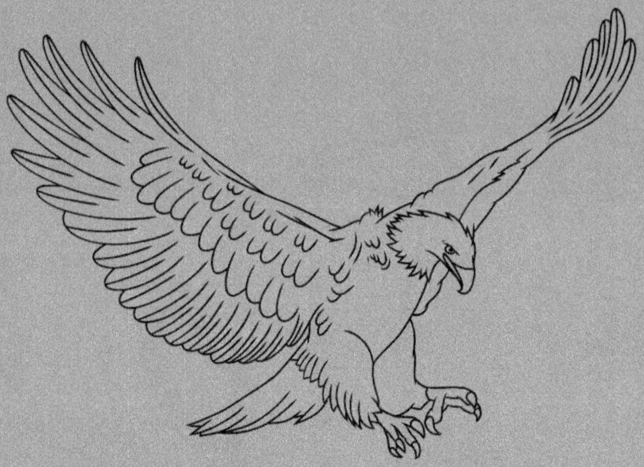

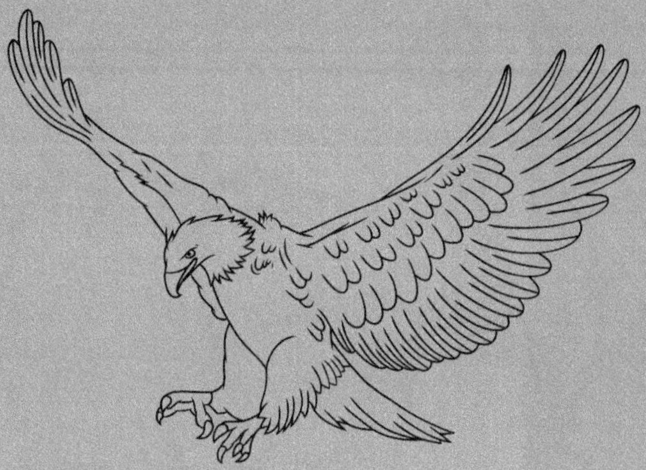

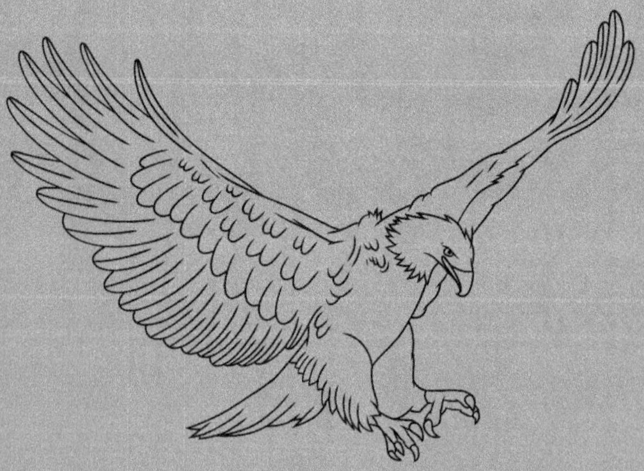

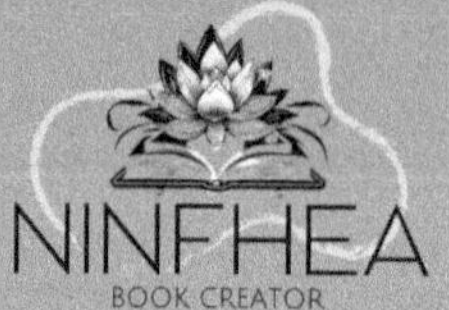

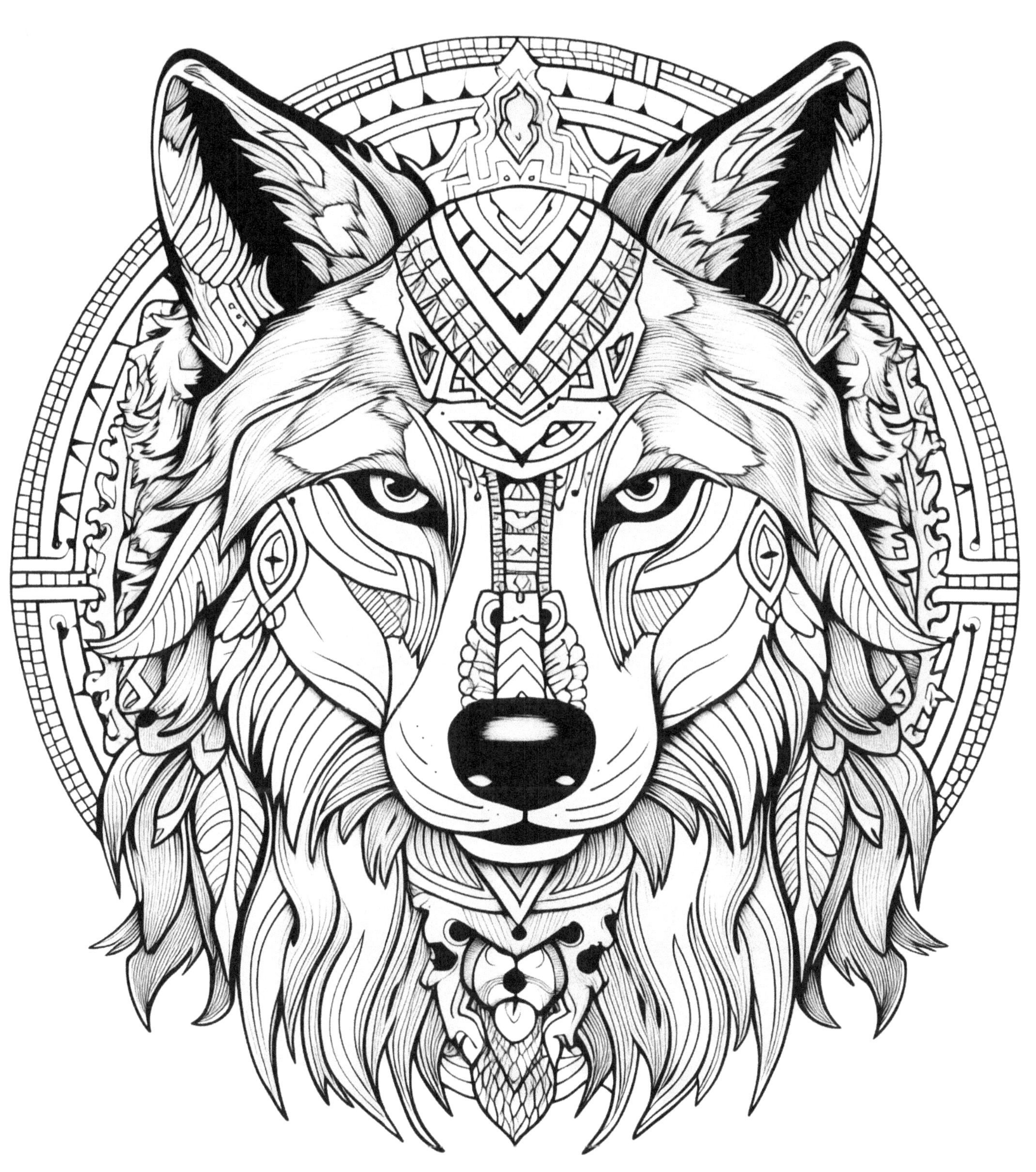

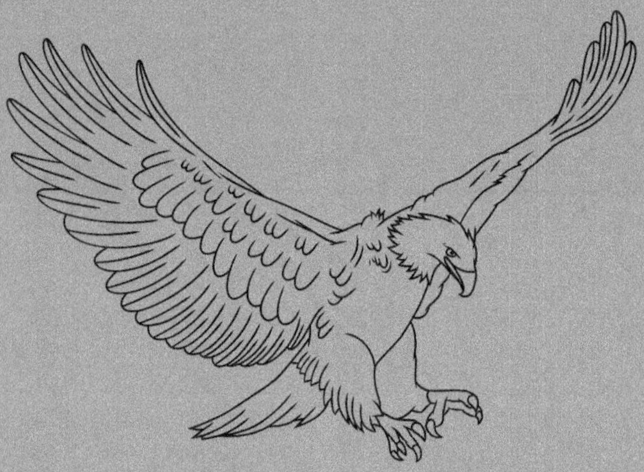

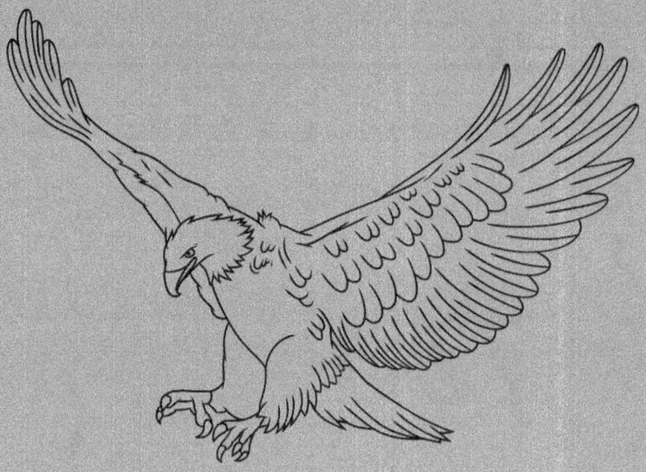

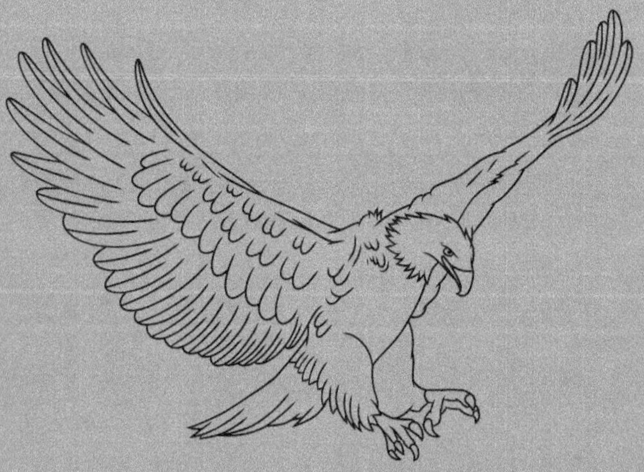

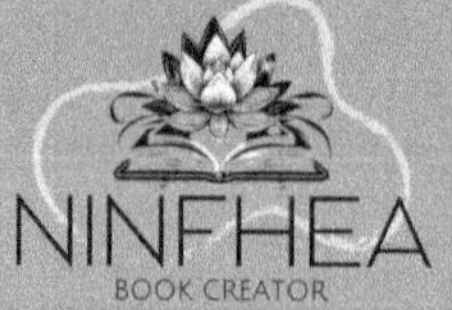

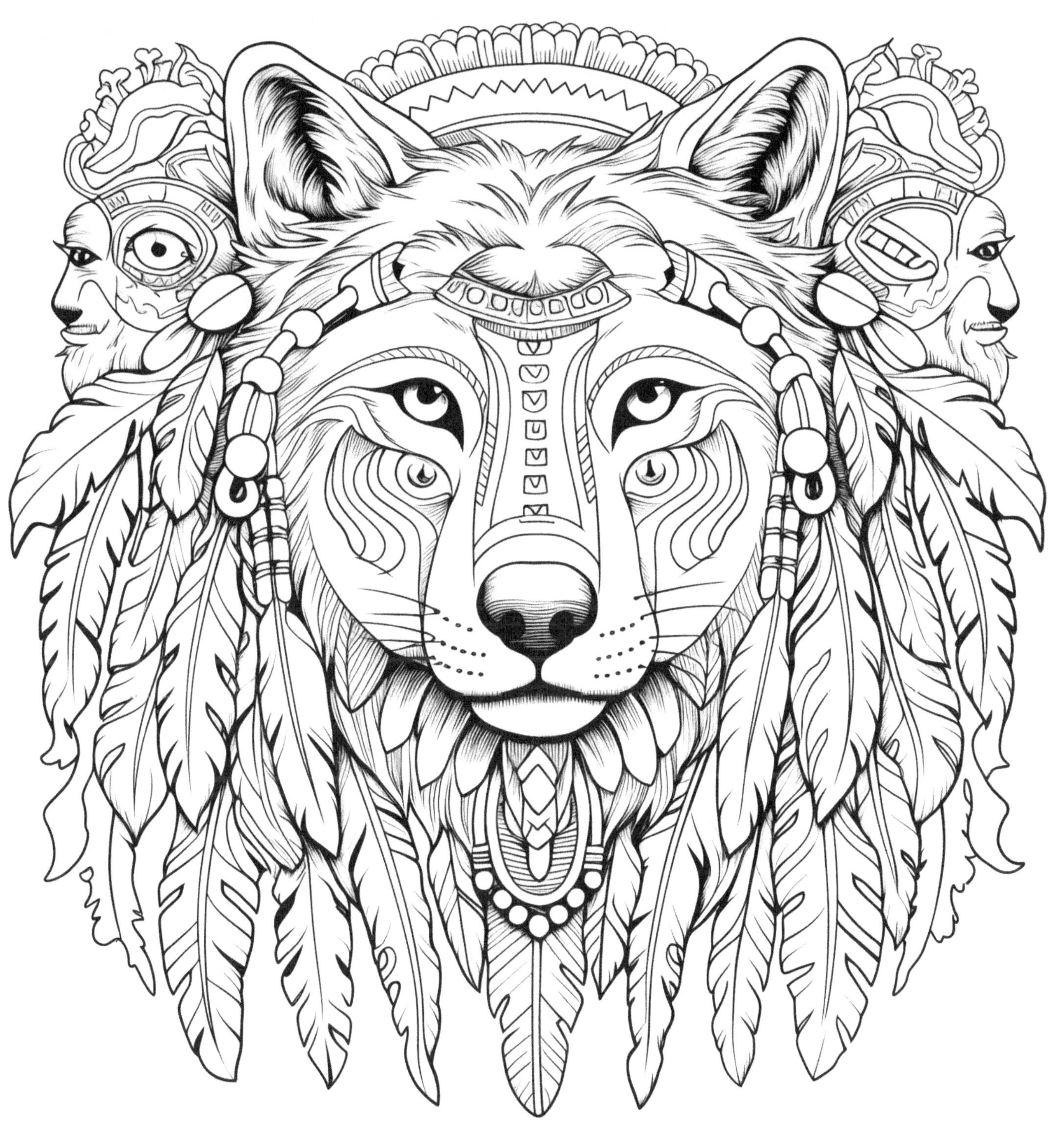

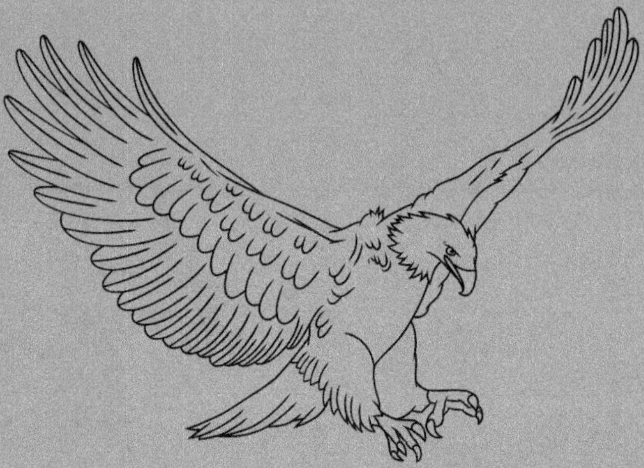

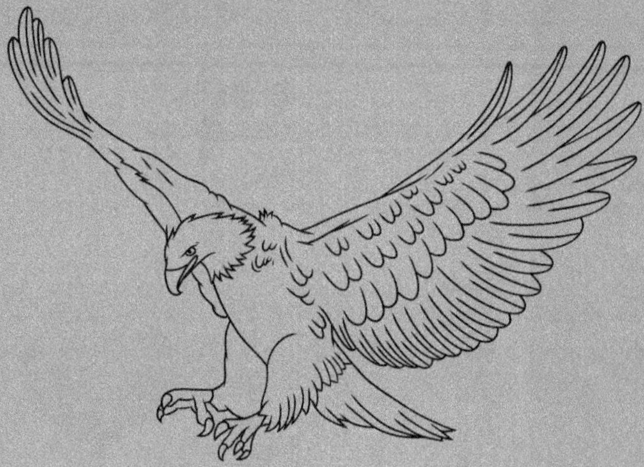

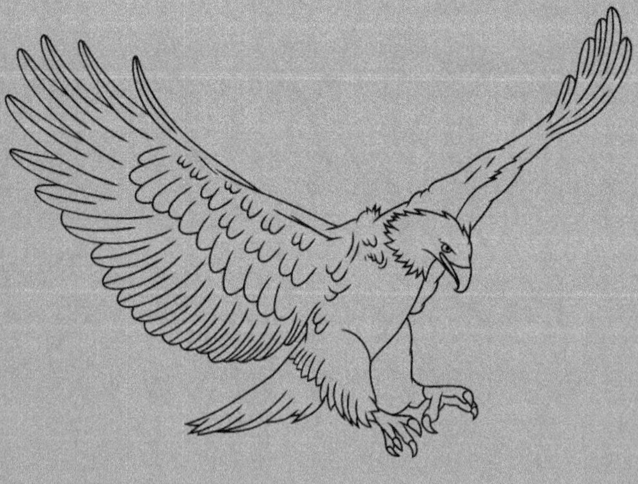

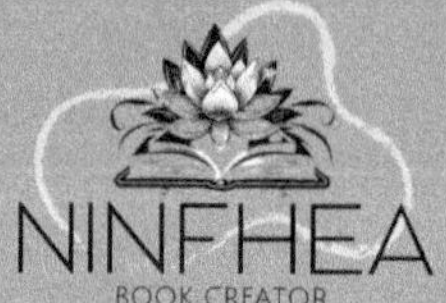
NINFHEA
BOOK CREATOR

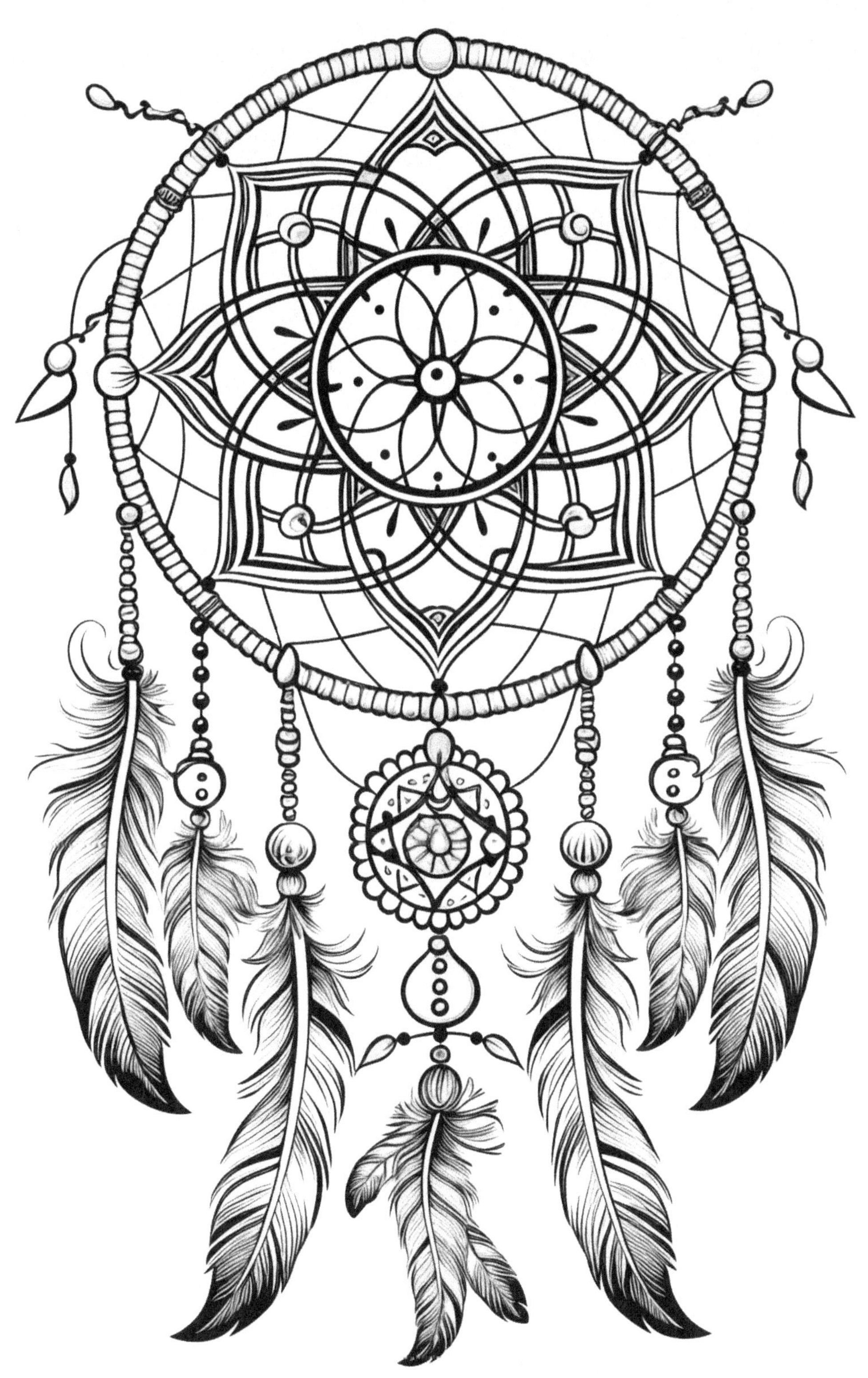

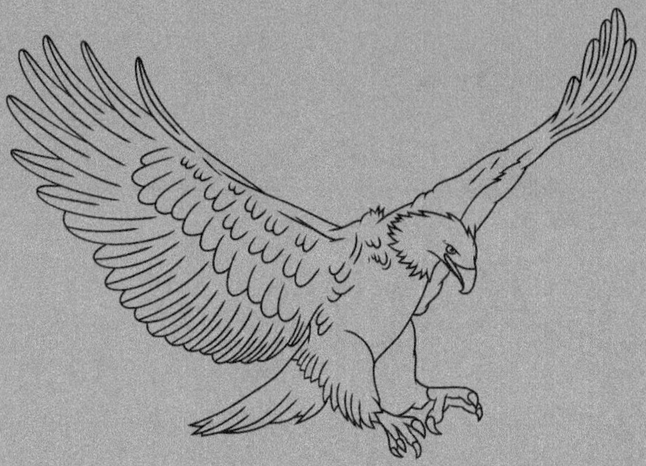

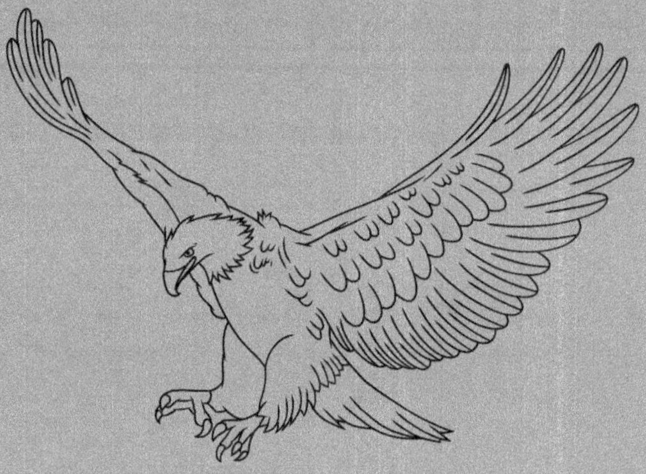

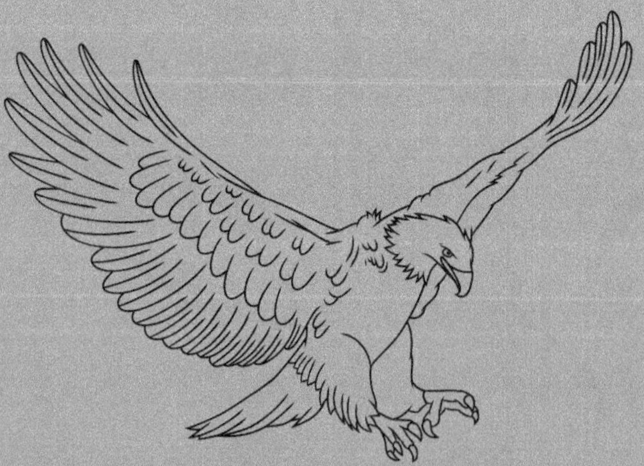

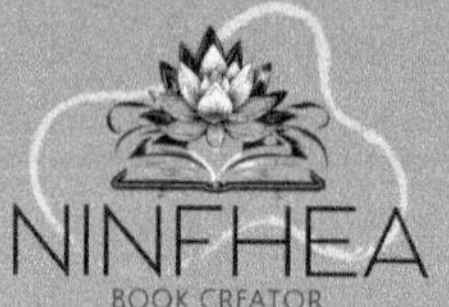

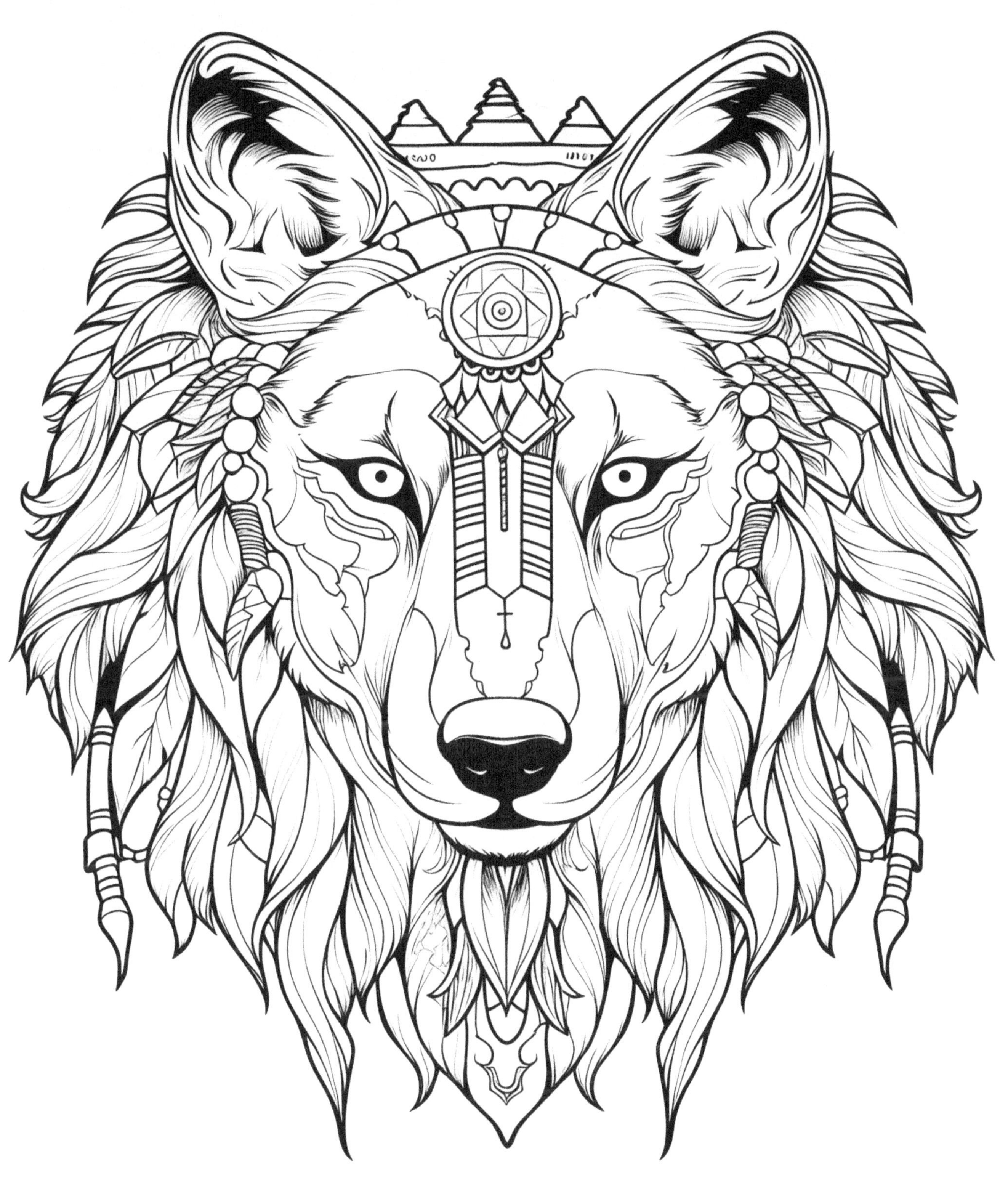

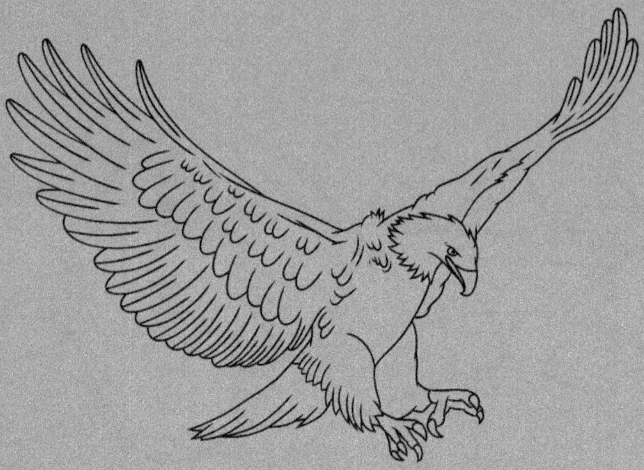

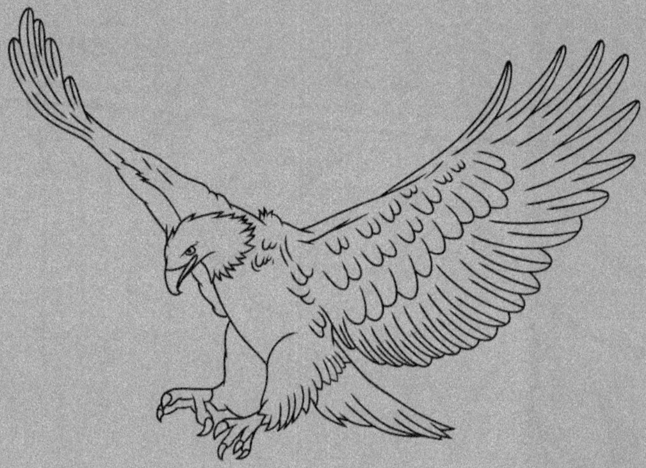

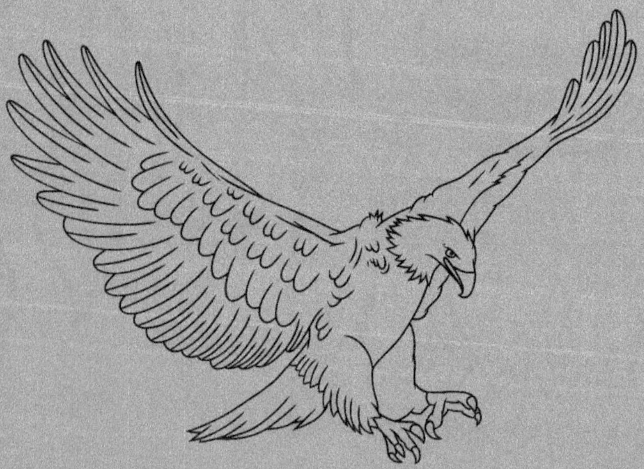